DEDICATORIA

A cada abogado y empresario que toma este libro en sus manos. Este libro es para ti, revolucionario.

AGRADECIMIENTOS

A todos mis clientes, por animarse a trabajar conmigo y atreverse a revolucionar sus negocios usando inteligencia artificial. Gracias también a la IA, que llegó para mejorar nuestras vidas. No olvido mis inicios. Cuando trabajaba para otros, empecé a notar algo claro: no era falta de talento, era falta de visión. La IA me mostró que no necesitaba seguir como empleado. Podía convertirme en empresario. Y así nació todo esto.

NOTA DEL AUTOR

Esto lo escribí con el fin de que puedas empezar a integrar la IA en tu forma de trabajar... y en tu vida. Porque si algo me ha regalado esta tecnología, es la posibilidad de generar **mayores ingresos**, con **menos esfuerzo** y **más tiempo para mí**. Y quiero que tú también lo logres.

ANTES DE LEER

Este no es un libro convencional. No necesitas leerlo en orden. Cada capítulo tiene vida propia y valor por sí solo. Tampoco es solo para leer. Es para tomar acción. En cada historia, interpretación o actividad encontrarás algo que **puedes hacer hoy mismo** para crear tu propio **GPT legal**. Si lo aplicas, verás resultados. Si lo dejas en palabras, será solo otro libro que no cambia nada. Y tú no viniste a eso. Viniste a **revolucionar** tu práctica legal. Por eso, desde ya, te llamaré como mereces: **revolucionario.**

CRÉDITOS Y COPYRIGHT

INTRODUCCIÓN

Si estás leyendo esto, no es casualidad. Seguramente viste *Suits* y pensaste: "¡Qué maravilla tener un Mike Ross a tu lado!". Ese asistente brillante que no olvida nada, redacta perfecto, anticipa problemas y parece tener acceso ilimitado al conocimiento legal. Bueno... te tengo noticias: hoy, eso es posible. Y no necesitas contratar a un genio con memoria fotográfica. Solo necesitas **una IA bien entrenada**. Este libro es tu mapa para lograrlo.

No te voy a llenar de teoría. Tampoco voy a darte el típico discurso de "el futuro ya llegó"... Este libro es práctico, directo, y si tú quieres, **transformador**.

¿POR QUÉ LO ESCRIBÍ?

Porque **yo estuve donde tú estás**. Trabajando para otros, dejando el alma en el día a día, sintiendo que mi talento merecía más impacto y mejor paga. La IA fue mi punto de quiebre. Me permitió pasar de empleado a empresario. De saturado a **estratégico**. De ocupado a **productivo**. Y de ahí nació mi misión: **ayudar a otros a lograr lo mismo**.

¿POR QUÉ PARA ABOGADOS?

Porque ustedes están cargando un sistema obsoleto sobre los hombros. El papeleo, la gestión, los procesos... todo les roba tiempo, energía y hasta pasión. Pero no tiene que ser así. Este libro te va a mostrar, historia tras historia, cómo puedes empezar a delegar en una **IA personalizada**, hecha a tu medida. Una especie de Mike Ross digital que trabaja 24/7, no cobra horas extra y nunca se le escapa un detalle.

LO QUE ENCONTRARÁS AQUÍ

Vas a leer historias reales —de éxito y de fracaso— que te harán decir: *"¡Eso me pasó a mí!"* Y justo después, te diré cómo la **inteligencia artificial** pudo haber cambiado todo. Al final de cada capítulo tendrás una actividad práctica: algo que puedes aplicar directamente en tu GPT, sin saber programar, sin ser ingeniero. Además, encontrarás frases de apalancamiento, ideas que retan tu mentalidad, y caminos que te llevan a nuevos resultados. Y claro, si quieres llevar esto a otro nivel, te invitaré a que vengas conmigo: a un seminario, a una asesoría, o a seguir la conversación en mis redes.

UNA PROMESA

Si haces lo que está en estas páginas, vas a ganar **más tiempo, más dinero y más claridad**. Si solo lo lees y lo dejas ahí… será otro libro que no cambia nada. Y tú no viniste a eso. Viniste a **revolucionar** tu práctica legal. Bienvenido a la nueva era del derecho. El momento de crear a tu Mike Ross ha llegado.

Nos vemos dentro,

— Mau Bojórquez

PARTE UNO
DE PASANTE A LEGENDARIO: CÓMO CREAR TU MIKE ROSS DIGITAL PASO A PASO

VACIOS LEGALES

"La inteligencia artificial no nos destruye. Nos confronta con lo
que realmente somos."
— Yuval Noah Harari, historiador y autor de Sapiens

CUANDO UNA MÁQUINA ENTENDIÓ EL DERECHO MEJOR QUE NOSOTROS

Durante años escuché historias de abogados que se enfrentaban a problemas imposibles. Algunos ganaban, otros simplemente sobrevivían. Pero esta historia no fue contada en una sala de juntas ni en un curso de derecho. Me la compartieron en voz baja, entre risas nerviosas y copas medio vacías, como se cuentan los relatos que parecen inventados, pero que en el fondo sabes que son reales.

El caso era de esos que parecen imposibles de resolver con los métodos tradicionales. Andrés, un abogado penalista joven pero con hambre, se enfrentaba a un reto de otra época: defender a un creador de contenido digital acusado de fabricar y distribuir deepfakes. Pero no cualquier tipo de deepfakes. Había generado videos de carácter íntimo —muy íntimo— utilizando la imagen de sus propias compañeras de la universidad. Mujeres con las que estudió. Mujeres que lo conocían. Videos falsos que parecían reales, que circularon en grupos privados, y que destruyeron reputaciones sin que nadie pudiera detenerlo a tiempo.

La defensa se aferró a una idea sencilla pero poderosa: no hay marco legal claro. El código usado era libre, no había intención de fraude, el contenido tenía supuestos fines "artísticos". Alegaban vacío normativo. Que no se podía castigar lo que no se había regulado. Que el derecho siempre llega tarde a la tecnología.

Y por un momento pareció que tenían razón. El fiscal estaba perdido. El juez dudaba. El caso cojeaba por todas partes.

Pero del otro lado, un abogado que nadie esperaba dio un paso al frente. No gritó. No improvisó. No apeló al código penal, ni a las emociones del tribunal. Hizo algo que me marcó desde que me lo contaron: **usó inteligencia artificial para construir su argumento como si fuera un arquitecto del lenguaje, no un litigante tradicional**.

Se encerró con su equipo por días. Alimentó un GPT con decenas de documentos: tratados internacionales, papers académicos, jurisprudencia extranjera, ensayos sobre ética digital. No buscaba una ley. Buscaba un marco. Una forma de reinterpretar el derecho. Le pidió al modelo que analizara los elementos comunes en casos de suplantación digital, que encontrara puntos de contacto entre la manipulación emocional de las víctimas y los daños morales por representación falsa. Le enseñó al modelo a pensar más allá del tipo penal. Y luego, con esa base, construyó algo nuevo.

Cuando entró a la audiencia, no llevó un código bajo el brazo. Llevó una narrativa. Expuso cómo el deepfake no era solo una imagen falsa, sino un acto simbólicamente violento. Argumentó que existía una nueva categoría de agresión: **la usurpación digital de identidad emocional**. Citó un fallo de una corte europea que apenas se había difundido en círculos académicos, pero que su GPT había rescatado como analogía. Y entonces lo dijo: "La IA no absuelve. Pero tampoco nos puede amparar si la usamos para destruir la realidad de otros."

Silencio.

El juez lo escuchó. Lo entendió. Y por primera vez, no se aferró a la literalidad. Sentenció a favor del argumento que nació de una máquina, pero fue presentado por un abogado que supo usarla como bisturí, no como mazo.

DESBLOQUEO

La ley no está diseñada para hacer justicia. Está diseñada para ser obedecida.
Y mientras sigas creyendo que aplicar el código es cumplir con tu trabajo, seguirás siendo reemplazable.

El derecho no es un sistema perfecto. Es un lenguaje lleno de omisiones, contradicciones y retrasos históricos. Y el verdadero abogado —el que no solo sobrevive, sino transforma— **no es el que recita leyes, sino el que interpreta el silencio entre ellas.**

¿Quién tiene el poder en un juicio?
No el que memoriza artículos.
No el que grita más fuerte.
Sino el que **construye un argumento donde antes no existía ninguno, y lo hace sonar inevitable.**

Esa es la función de la IA en tus manos:
No para que te diga qué hacer.
No para que te ahorre trabajo.
Sino para que **te conviertas en el tipo de abogado que cuestiona el marco mismo del sistema y lo redefine sin pedir permiso.**

La inteligencia artificial es el nuevo espejo del derecho.
Y el reflejo que devuelve no siempre es cómodo, pero es brutalmente honesto:
La mayoría no piensa, solo repite.
Y por eso perderán contra los que se atreven a reescribir.

Este es tu nuevo punto de partida. La pregunta no es si vas a usar IA.
Es si vas a **aprender a pensar con ella antes de que te gane alguien que sí lo haga.**

JUGADA

Entrena a tu GPT para ver lo que el juez aún no ha visto.

No lo alimentes con artículos. Entrénalo con visión.
Dale documentos que nadie más usaría:

- Ensayos de ética jurídica
- Jurisprudencia extranjera avanzada
- Casos mediáticos sin resolver
- Teorías filosóficas sobre justicia, identidad, daño, libertad, símbolos

Y luego lánzale esto:

"Analiza este caso desde un marco no regulado. No quiero normas. Quiero fundamentos. Construye una narrativa que anticipe el criterio de un juez que no tiene código para sostener su decisión, pero necesita decidir con convicción."

Ahí es donde tu GPT deja de ser herramienta... y se convierte en estrategia.

El abogado promedio busca lo permitido.
Tú, con IA, diseñas lo inevitable.

CUANDO SABES LO QUE VIENE... Y NADIE TE ESCUCHA

Yo también viví algo que me dejó una marca parecida. Fue en mis días como pasante, cuando mi trabajo era invisible, como debe ser el de todo el que apenas empieza. Estaba en un despacho grande, de esos que respiran solemnidad y facturan hasta por archivar documentos. Un día llegó un empresario, nuevo cliente. Estaba pálido, devastado. El SAT lo había auditado. Le congelaron cuentas. Lo acusaban de evasión fiscal. Lo que pedía no era defensa. Era un milagro.

El equipo reaccionó con el manual en la mano. Reunión de socios, cajas de documentos, análisis de estados financieros, y muchas llamadas. A mí me pasaron acceso a las carpetas digitales. No se suponía que debía hacer más que clasificar y mantener todo en orden. Pero no pude evitarlo. Empecé a leer. Y lo que vi me incomodó.

Había patrones. Fechas que se conectaban. Facturas duplicadas. Proveedores con relaciones demasiado estrechas. Y correos... muchos correos de una contadora angustiada que pedía aclaraciones que nadie respondía. Vi los puntos rojos. Los conecté. Todo hacía sentido. Pero nadie más parecía verlo.

Fuera del despacho, alimenté una herramienta que venía entrenando en silencio. Una IA diseñada para detectar riesgo fiscal. Le di los datos: XMLs, estados de cuenta, declaraciones, comunicaciones internas. Y el modelo me entregó un informe con lo que ya sentía en el estómago: el colapso era inevitable. Y no solo eso: se pudo haber previsto con tres meses de anticipación.

Ahí estaban las alertas. Ahí estaban los montos. Las señales. Las inconsistencias contables. Las advertencias de la contadora. Todo. Clarito. Si alguien hubiera usado esa IA en el momento correcto, el SAT no habría tenido ni por dónde empezar.

Pero yo era solo el pasante. Tenía los datos, tenía la herramienta, pero no tenía voz. Nadie me pidió opinión. Nadie me creyó cuando insinué que podía tener algo útil. Y cuando intenté explicarlo, me sonrieron con esa mezcla de condescendencia y lástima que reservan para los que "aún no entienden cómo funciona el mundo real".

17

Días después, el SAT ejecutó la sanción. Y yo, en silencio, confirmé lo que hasta entonces solo intuía: el problema no es que falten herramientas. El problema es que nos sobran datos y nos falta el hábito de escucharlos.

El modelo había trazado la línea de tiempo con claridad quirúrgica. Detectó exactamente cuándo las facturas trianguladas rompían el patrón normal. Identificó proveedores que compartían RFC con empresas del mismo grupo, simulaciones de servicios, y omisiones en declaraciones que parecían simples errores humanos. No eran errores. Eran detonantes.

DESBLOQUEO

El problema nunca ha sido la falta de señales.
Es que nadie quiere escuchar al que las detecta antes que los demás.

Vivimos en un entorno donde el prestigio pesa más que la verdad, y la experiencia se valora más que la visión. Por eso los errores se repiten, los datos se ignoran y la IA se desprecia... **hasta que el problema estalla.**
Porque el ego jurídico no se construye con resultados, se construye con jerarquía. Y en ese juego, la tecnología molesta. Molesta porque ve cosas sin tener un título. Molesta porque no pide permiso para decir lo que duele.

Pero hay una verdad que no se puede seguir escondiendo:
quien tiene acceso a los datos, tiene acceso al futuro.
Y quien no sabe leerlos, está destinado a vivir en crisis... aunque tenga décadas de experiencia.

La IA no te sustituye.
Pero sí te supera **si decides callarla solo porque viene sin corbata y sin firma en el expediente.**

Esta historia no es sobre una auditoría.
Es sobre una advertencia.
Y tú decides si en tu firma se vuelve eco... o sentencia.

JUGADA

Crea un GPT que no te diga lo que hiciste mal.
Crea uno que te diga lo que va a estallar… antes de que siquiera huela a humo.

Entrénalo con declaraciones pasadas, XMLs, CFDIs, correos contables, auditorías anteriores, criterios del SAT, y patrones de riesgo fiscal. Enséñale lo que tú ya sabes, pero que no siempre tienes tiempo de revisar.

Y luego, dale este prompt:

"Analiza esta información como un auditor del SAT con visión quirúrgica. Dime qué patrones podrían ser interpretados como evasión, simulación o riesgo fiscal en los próximos 6 meses. Sé brutal. No me protejas. Avísame antes de que sea tarde."

Este GPT **no es tu contador.**
Es tu antídoto.
Y si no lo creas tú, te tocará pelear con el de alguien más… cuando ya sea demasiado tarde.

> **"Si no usas la IA para ver el futuro, te tocará atender sus consecuencias en el presente."**
> — Mau Bojórquez

CREA TU IA COMO SI FUERA TU SOCIO

Hoy vas a dar tu primer paso real hacia tener tu propio Mike Ross digital.

Lo que vas a crear es un **GPT personalizado en ChatGPT**, una especie de asistente inteligente que puedes entrenar a tu manera. No necesitas ser programador. Solo necesitas claridad en lo que quieres que haga.

¿Qué es un GPT en ChatGPT?

Es una versión modificada de ChatGPT que tú diseñas con tu propio enfoque, tono y especialidad. Le puedes enseñar cómo responder, qué hacer, qué evitar y qué estilo usar. Es como contratar un pasante... que nunca se le olvida nada.

¿Dónde se accede?

Solo puedes crear GPTs desde una cuenta paga en chat.openai.com con el plan **ChatGPT Plus** (20 dólares al mes).
Una vez tengas la suscripción activa, entra a ChatGPT, ve a "Explore GPTs" (Explorar GPTs) y haz clic en "Create" o "Crear".

¿Cómo es la interfaz?

No necesitas saber código. Te guía paso a paso. Solo hay que responder algunas preguntas clave:

1. ¿Cómo se llama tu IA?
2. ¿Qué quieres que haga?
3. ¿Cómo debe expresarse?
4. ¿Qué información le vas a dar?

TAREA: DISEÑA TU IA HOY MISMO

Responde aquí mismo, en tu libreta o en Word:

1. **Nombre de tu IA personalizada:**
   (Ejemplo: LexBot, ProLegal, La Sombra de Ross)

2. **Descripción (¿quién es tu IA y qué hace?):**
   (Ejemplo: "Soy un asistente legal especializado en analizar contratos y buscar riesgos jurídicos. Hablo con precisión, sin rodeos y con argumentos sólidos.")

3. **Objetivo principal de tu IA:**
   (Ejemplo: "Detectar errores, omisiones o áreas de mejora en contratos de confidencialidad y sugerir versiones mejoradas.")

Guarda tus respuestas. Más adelante, las vas a copiar directamente en la plataforma de creación de GPTs de ChatGPT. Este es el inicio de tu transformación.

La diferencia entre tener un socio digital o seguir haciendo todo tú... empieza con estas tres respuestas.

REDACCIÓN INTELIGENTE

"La IA no va a quitarte tu trabajo, pero sí se lo va a dar a alguien que sepa usarla."
— Gerd Leonhard, futurista y autor de *Technology vs. Humanity*

CUANDO UN ERROR DE IMPRESIÓN ME OBLIGÓ A FACTURAR

Al principio, me sentía como cualquier pasante: buscando espacio, haciendo lo que podía, tomando cualquier oportunidad que me dejaban. Mi jornada estaba llena de tareas repetitivas, correos que casi nunca eran contestados, y un montón de papeles que nadie miraba más que para firmarlos. Pero había algo que me movía más allá de la rutina: una insatisfacción, un deseo de demostrarme a mí mismo que podía hacer algo grande, algo que valiera la pena.

Un día, decidí hacer algo para **darme a conocer** dentro del despacho. Como muchos, al principio solo era el "pasante" con el que nadie contaba mucho. Un día, decidí imprimir unas tarjetas de presentación para repartir entre compañeros y conocidos. Sabía que no tenía aún mucho de qué hablar, pero pensaba que al menos algo debía intentar. Así que, con un clic rápido, mandé a imprimir unas tarjetas con la siguiente frase: "Asistente Jurídico".

Pero como suele pasar en esos momentos, cometí un error de impresión. En lugar de que dijera "Asistente", la tarjeta salía con una etiqueta que decía **"Asesor Jurídico"**. Fue uno de esos errores que se vuelven determinantes. No tenía mucho que perder, así que no le di mucha importancia. Decidí usar las tarjetas igual. Total, nadie sabía quién las había hecho ni qué había escrito en ellas.

Las guardé en mi mochila, y, de paso, las dejé en la taquilla del gimnasio donde entrenaba todos los días. Al principio, pensaba que nadie iba a notar el "error", pero al final, las casualidades nunca dejan de sorprender. Un entrenador me vio un día y me preguntó si hacía contratos, un compañero me preguntó por un acuerdo de confidencialidad, y antes de darme cuenta, ya había dejado varias tarjetas con mi número. Parecía absurdo. **No sabía cómo había llegado a esa situación**, pero parecía que el error se había convertido en una suerte de impulso que no podía detener.

Pasaron unas semanas y el teléfono empezó a sonar más de lo que esperaba. No era la típica llamada de algún amigo, sino **peticiones reales de trabajo**. Un dueño de un restaurante, un startup de tecnología, e incluso un pequeño influencer me llamaron para que los ayudara a "revisar" o "ajustar" algunos contratos. Lo que más me sorprendió no era que me contrataran, sino que me **consideraran un asesor jurídico** con apenas un par de meses de experiencia.

En un principio, la idea de decir que sí me parecía absurda. **¿Yo, un pasante, revisando contratos?** Pero la oportunidad era clara, y no la iba a dejar ir. La clave era **cómo iba a entregarlos**, ya que el riesgo de cometer un error en algo que no dominaba me aterraba. Y fue en ese momento cuando recordé algo que había descubierto poco antes: la inteligencia artificial. Algo que, en mi mente, **era la solución a mi inseguridad**.

Entonces, en lugar de rechazar los trabajos o hacerlos a ciegas, decidí hacer algo diferente. **Usé la IA.**

A pesar de no tener mucha experiencia con redacción de contratos, la inteligencia artificial estaba ahí para ayudarme. Mi primer paso fue tomar los modelos que ya tenía, esos contratos básicos y acuerdos de confidencialidad que había visto a lo largo de mis estudios, y cargarlos en un GPT bien entrenado. **No era un simple generador de texto, sino un asistente legal que respondía de acuerdo a la lógica jurídica que le entrené.** Le pedí que hiciera borradores con las cláusulas adecuadas, que identificara posibles riesgos y que me sugiriera mejoras. Cada vez que me pedía hacer ajustes o encontrar problemas, el modelo lo hacía con **precisión matemática**.

Me senté y empecé a analizar lo que el GPT había generado. Le pedí que lo adaptara a los casos específicos, que se ajustara a los nombres de las partes involucradas y que, además, sugiriera nuevos puntos en los contratos que podrían haber pasado desapercibidos en modelos tradicionales. El resultado fue impresionante. **No solo me entregó algo coherente, sino que me dio un documento que estaba estructurado y redactado profesionalmente.**

Lo curioso es que todo salió **perfecto**. No solo porque la IA lo hiciera bien, sino porque me permitió asumir el rol de "asesor" de forma confiada, aunque no tuviera el bagaje de un experto. Los contratos no solo fueron entregados a tiempo, sino que fueron aceptados sin ningún problema, y **los clientes quedaron más que satisfechos** con los resultados. De hecho, al final, me pagaron bien. Mucho mejor de lo que nunca imaginé. Me había permitido usar una IA que hizo el trabajo de muchos, pero aún lo mantuvo humano.

DESBLOQUEO

**No fue un error de impresión. Fue una declaración del destino.
El problema no era que no fueras asesor… era que aún no te
atrevías a creértelo.**

Muchos profesionales esperan a "estar listos" para asumir el rol que
desean. Pero estar listo nunca se trata de tener experiencia. Estar listo
es **saber ejecutar con visión, incluso cuando otros solo ven
riesgo.**

La IA no te dio poder.
Te dio algo aún más valioso: **confianza estructurada.**
La certeza de que podías entregar algo profesional sin ser perfecto.
El permiso de tomar oportunidades sin pedir validación.

Y eso cambia todo.

Porque cuando usas inteligencia artificial **no para saltarte el proceso,
sino para elevarlo**, lo que estás haciendo no es trampa…
es competir con las armas del siglo en el que naciste.

El mundo legal ya no es un juego de títulos.
Es un juego de resultados.
Y el que entrena a su IA para pensar como él… **tiene una versión
mejorada de sí mismo trabajando 24/7 sin miedo ni duda.**

JUGADA

No esperes ser un experto para actuar como uno.
Entrena a tu GPT para que piense como el asesor en el que te estás convirtiendo.

Cárgale modelos de contratos, formatos, acuerdos de confidencialidad, estatutos sociales y cláusulas que ya hayas visto o estudiado.
Enséñale cómo adaptarlos al lenguaje y estilo que tú quieres usar con tus clientes.

Y luego dale este prompt:

"Eres un asesor jurídico especializado en redacción de contratos claros, estructurados y con lenguaje profesional. A partir de este modelo y estos datos del cliente, redacta un documento ajustado, con mejoras sugeridas, puntos ciegos detectados y advertencias de riesgo legal."

Este GPT no solo redacta.
Te respalda. Te educa. Te protege.
Y lo más importante: **te permite actuar con confianza antes de tener la experiencia que otros te exigen.**

Porque en esta nueva era, el abogado que gana **no es el que más títulos tiene,**
es el que menos tiempo pierde esperando validación.

CUANDO EL ORGULLO TARDA MÁS QUE LA LUZ

Era viernes. Último día para contestar una demanda. Yo seguía siendo pasante, pero no cualquier pasante: ya llevaba meses observando, entendiendo las dinámicas del despacho, viendo quién trabajaba de verdad y quién solo jugaba a parecer ocupado. En el fondo, sabía que mi lugar no era eterno, que nadie me veía aún como parte del equipo, y que cualquier error podía sellar mi salida. Pero también sabía algo que ellos no: **ya usaba IA para escribir más rápido, pensar más claro y revisar con más precisión que muchos de los que me doblaban la edad.**

El caso de ese día no era menor. Se trataba de una demanda de daños que tocaba a un cliente fuerte, uno de esos que hacen llamadas directas al socio fundador si no ven resultados. Le habían encomendado la contestación a uno de los abogados con más galones del despacho. De esos que caminan con el código civil bajo el brazo como si fuera una espada. De esos que miran con recelo a todo lo que huela a nuevo.

A las nueve de la mañana ya tenía los documentos en su escritorio. A las once, seguía imprimiendo pruebas. A la una, estaba en una junta. A las tres, lo vi fumando en el estacionamiento, revisando su celular. Y a las cinco… nada estaba redactado. Nada.

A las 5:10 p.m., me acerqué con el respeto de quien ya sabe la respuesta, pero igual se atreve.

—Licenciado, si me permite, podría apoyarle con una base usando IA. Le preparo algo y usted lo adapta como guste.

Ni me miró.

—No gracias. Yo sé cómo redactar esto. No me hace falta un robot.

Sentí esa frase como una pared. Me alejé. Pero no apagué la compu.

A las 5:45 p.m., su cara ya era otra. Pálida. Fruncida. Sudaba, aunque el aire acondicionado del despacho estaba a 20 grados. Había intentado mandar el borrador desde su casa, pero su coche no arrancó. Volvió al despacho en Uber. Apenas llegó, hubo un apagón en su colonia. Se le borró todo. Luego intentó conectarse al wifi del despacho. Fallaba.

Una cadena de eventos que parecía escrita por Murphy en persona. Todo lo que podía salir mal, salió peor.

Y ahí estaba yo. Sentado, con mi laptop abierta, sin decir nada.

Hasta que algo en mí dijo: "Hazlo. No por él. Por ti."

Abrí mi GPT. Le lancé todo lo que sabía del caso. Le pedí que escribiera en tono profesional, directo, sin rodeos, con base legal real y sin rellenar con palabrería inútil. "Quiero un texto que se lea como si lo escribiera alguien que ya no tiene tiempo que perder", le dije.

En menos de seis minutos tenía el esqueleto. En quince, la versión final. Le metí las fechas reales, nombres, correcciones de forma y estructura. Lo pasé a Word. Imprimí dos copias. Toqué la puerta.

—Sé que no me lo pidió, pero esto le puede servir.

Él lo tomó. Silencio. Solo se oía el ruido del ventilador. Página tras página. Línea por línea. No hizo una sola corrección. Solo al final, alzó los ojos. No había soberbia en su mirada. Solo agotamiento y, quizá, un poco de admiración mal disimulada.

—¿Esto es tuyo?

—Es mío. Y de una IA que vengo entrenando hace meses.

—¿Y esto... ya se puede presentar?

—Solo falta tu firma.

Sin decir nada, tomó la pluma y firmó.

Salió corriendo al juzgado. Llegó justo antes de que cerraran.

El lunes por la mañana, al llegar, lo primero que me dijo no fue "gracias", ni "bien hecho". Fue algo mejor:

—¿Puedes mostrarme cómo hiciste eso?

DESBLOQUEO

El ego siempre llega antes que el talento.
Pero cuando el talento se entrena con inteligencia artificial... el ego se arrodilla en silencio.

Vivimos en un sistema donde el tiempo se mide en jerarquías, no en resultados. Donde la experiencia se presume, pero rara vez se actualiza. Y donde muchos prefieren **fallar a la vieja escuela** que ganar usando herramientas que no entienden.
Pero el mundo cambió. Y el tiempo ya no respeta la lentitud disfrazada de rigor.

La IA no vino a competir con el abogado.
Vino a poner en evidencia a los que nunca quisieron evolucionar.
No porque no puedan...
Sino porque no soportan que una máquina piense **más rápido** que su orgullo.

Este capítulo no trata sobre tecnología.
Trata sobre **el momento exacto en que el sistema se quiebra desde dentro...**
porque un pasante armado con visión y GPT puede resolver en 15 minutos lo que al maestro le tomó todo el día no lograr.

No se trata de reemplazar a nadie.
Se trata de hacer que lo obsoleto se vuelva evidente.
Y cuando eso pasa... incluso el más terco termina diciendo: *"¿cómo hiciste eso?"*

JUGADA

Crea un GPT para redacción legal en crisis. No para cuando tienes tiempo… sino para cuando te quedan 30 minutos y todo depende de ti.

Entrénalo con escritos reales: contestaciones de demanda, promociones, amparos, contratos, lo que sea que implique estructura, claridad y precisión. Enséñale cómo escribes tú, qué tono usas, qué tipo de lenguaje evitas, y qué tipo de errores no perdonas.

Y luego, plantéale este escenario:

"Tienes 30 minutos para redactar una contestación de demanda por daños. No puedes usar lenguaje genérico. No puedes citar sin base. El tono debe ser profesional, frontal y sin palabrería. Esto no es un ensayo. Es una defensa que se presenta hoy, antes de que el juzgado cierre."

Hazlo practicar con escenarios reales o simulados. Púlelo. Corrige lo que no te guste.
Porque cuando llegue el momento de presión, ese GPT no va a improvisar.
Va a ejecutar como si tú llevaras diez años firmando documentos…
 aunque apenas estés comenzando.

Ese es el poder de estar preparado antes que necesitado.
Y con IA, la preparación ya no es privilegio. Es elección.

"No eres menos abogado por dejar que una máquina redacte por ti. Eres más inteligente por no empezar desde cero."
— Mau Bojórquez

ENSEÑA A TU IA A REDACTAR COMO TÚ

Hoy vas a crear una versión inicial de tu GPT que redacte como tú. No como una plantilla cualquiera, sino con tu tono, tu lógica, tu estructura. Tu estilo legal.

Esto no se trata de hacer un bot que "hable bonito". Se trata de **entrenar a tu asistente virtual para que piense como tú cuando redactas contratos, correos, demandas, cláusulas o reportes**.

¿Qué necesitas?
Una cuenta en ChatGPT con plan Plus (20 USD al mes).
Ve a chat.openai.com → "Explore GPTs" → "Create". Ahí empieza tu creación.

PASO 1 – NOMBRA A TU IA
(Ejemplo: LexBot, Clausulador, Redactor Legal MX, El Pulidor)

PASO 2 – DESCRÍBELO COMO SI FUERA UNA PERSONA DE TU EQUIPO
(Ejemplo: "Soy un asistente legal con enfoque en redacción jurídica clara, precisa y estructurada. Adopto el tono profesional del despacho Mau Legal y adapto textos complejos a lenguaje comprensible sin perder rigurosidad.")

PASO 3 – DEFINE SU OBJETIVO PRINCIPAL
(Ejemplo: "Redactar documentos legales en nombre del usuario, optimizando tiempo y minimizando errores.")

PASO 4 – CARGA TEXTOS DE REFERENCIA
Sube ejemplos reales de cosas que tú hayas redactado:

- Demandas
- Contratos
- Correos a clientes
- Informes legales

Tu GPT aprenderá de ese material. Mientras más contexto tenga, mejor trabajará.

TAREA
Responde aquí mismo:

1. **Nombre de tu GPT:**
2. **Descripción de su personalidad/redacción:**
3. **Objetivo específico que tendrá tu IA:**
4. **¿Qué texto vas a cargarle como ejemplo?**

Una vez lo tengas, pasa esta info al constructor de GPTs y crea tu primer asistente de redacción.
No más documentos desde cero. No más esperar "inspiración".
Solo resultados.

PREVENCIÓN ESTRATÉGICA

"Sin datos, solo eres otra persona con una opinión."
— W. Edwards Deming, pionero en estadística y calidad

CUANDO LAS NIÑAS HABLARON Y LA IA YA LO SABÍA

Hay casos que no se te olvidan. No por lo que ganaste, sino por lo que salvaste.

Éste comenzó como muchos otros: un padre divorciado, con visitas limitadas, enfrentando un intento legal por parte de su expareja para quitarle la custodia de sus hijas. El argumento de ella: "no es un entorno estable". El argumento de él: "mis hijas quieren estar conmigo". Y como siempre, en medio de todo, la frialdad del sistema que mide más formularios que sentimientos.

El caso llegó a nuestras manos con poco margen de acción. Era la típica situación en la que todo podía derrumbarse con una sola omisión procesal. Pero esa vez, **decidimos ir más allá del expediente y usar lo que teníamos: datos.**

Durante semanas, habíamos estado alimentando nuestro GPT con resoluciones anteriores de casos de custodia en la misma jurisdicción. Cientos de páginas. Variables, factores, criterios. Queríamos saber **qué hacía la diferencia en los fallos**: qué elementos pesaban más, qué pruebas se valoraban mejor, qué argumentos solían derrumbarse.

El modelo comenzó a darnos patrones. Nos mostró que en más del 80% de los casos donde se favorecía al padre, había un elemento común: **la voz de los hijos quedaba claramente registrada, ya sea en entrevistas, peritajes o cartas personales**. Además, señalaba que en aquellos fallos donde el tribunal buscaba un punto de equilibrio emocional, **las evaluaciones psicológicas independientes eran tomadas casi como palabra sagrada.**

Fue entonces cuando tomamos una decisión que no estaba en el guion original: **solicitar peritajes psicológicos para las niñas y pedir, de manera no intrusiva, que escribieran cartas a mano expresando cómo se sentían viviendo con su papá y su mamá.** No para que eligieran. No para manipularlas. Solo para que dijeran su verdad.

El juez aceptó.

Las cartas llegaron. Escritas con trazos torpes, con dibujos al margen. Cartas llenas de cosas que solo un niño puede escribir cuando se siente cómodo con alguien. En ellas, describían cómo se sentían tranquilas en casa de su padre. Cómo se reían con él. Cómo dormían seguras.

La madre intentó descalificarlas. Dijo que estaban inducidas. Que eran falsas. Pero el peritaje psicológico dijo otra cosa: **las cartas eran espontáneas, sinceras, libres.**

El fallo fue claro. Custodia compartida. Régimen ampliado. El padre, nuestro cliente, pudo seguir viendo a sus hijas. Pudo cuidarlas. Pudo abrazarlas sin miedo a que un tribunal se lo arrebatara todo.

Al salir del juzgado, no lloró. Solo dijo algo que no olvido: —"Gracias por escuchar lo que nadie más veía."

Pero en realidad, **quien lo vio antes que todos… fue la IA.**

DESBLOQUEO

La justicia no siempre ignora a los niños. A veces simplemente no sabe cómo escucharlos.

El sistema legal fue construido por adultos para adultos.
Por eso los formularios tienen casillas, pero no emociones.
Por eso los juicios de custodia se ganan o se pierden... sin que muchas veces importe quién duerme tranquilo y quién se duerme llorando.

Pero la IA, cuando se entrena con intención, puede ver donde el sistema no alcanza.
No porque tenga alma, sino porque puede procesar lo que el corazón ya intuye, pero el expediente aún no registra.

Esta historia no se ganó en el juzgado.
Se ganó cuando decidiste que tu trabajo no era solo presentar pruebas, sino **anticiparte al lenguaje emocional del fallo.**

Eso hace la diferencia entre el abogado que reacciona y el que **interviene con visión quirúrgica.**
La IA no reemplazó tu instinto. Lo confirmó con datos.
Y esa combinación...
es lo más cercano que hay a la justicia real en un mundo legal que rara vez la alcanza.

JUGADA

Entrena a tu GPT para detectar factores decisivos en casos de custodia. No para repetir jurisprudencia… sino para anticipar lo que puede inclinar el fallo.

Cárgale sentencias anteriores de tu jurisdicción, criterios de jueces, informes de peritajes, declaraciones de menores, resoluciones con custodia favorable y desfavorable.
Enséñale qué detalles hacen la diferencia:

- ¿Hubo evaluación psicológica?
- ¿El menor expresó su sentir por escrito o en audiencia?
- ¿Qué tipo de pruebas fueron ignoradas o tomadas como clave?

Y luego dale este prompt:

"Eres un analista legal experto en custodia familiar. A partir de este expediente y jurisprudencias previas, indícame qué pruebas psicológicas, testimoniales o documentales podrían marcar la diferencia en un fallo. No me des lo obvio. Dame lo que suele pasar desapercibido… pero pesa."

Este GPT no redacta demandas.
Te susurra lo que el juez aún no ha dicho… pero está a punto de considerar.

Y cuando tú eres quien lleva esa verdad antes que nadie a la mesa, **ya no estás litigando. Estás salvando.**

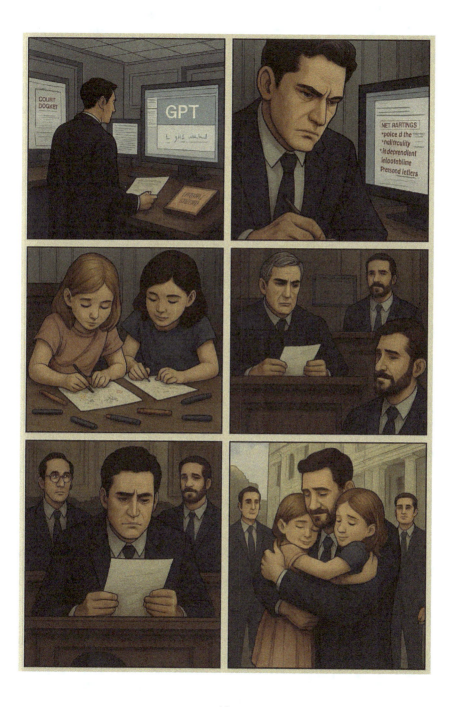

CUANDO LA INTUICIÓN CALLÓ A LA MÁQUINA Y PAGAMOS EL PRECIO

Esta no es una historia que viví por dentro, pero sí la escuché con lujo de detalle. Fue durante una asesoría privada con un abogado experimentado, uno de esos que llevan años navegando empresas grandes, defendiendo operaciones complejas y moviéndose con soltura entre lo legal y lo fiscal. Él me contrató no para que le enseñara derecho, sino para algo que a muchos aún les cuesta pedir: **cómo integrar inteligencia artificial a sus procesos legales sin perder el control.**

Nos sentamos a platicar. Yo abrí con algunas preguntas, como siempre lo hago, para entender cómo tomaban decisiones dentro de su firma. Él me habló de su experiencia con análisis de riesgo, de cómo cruzaban información entre departamentos, de cómo evaluaban operaciones con partes relacionadas. Lo escuché con atención, hasta que, en medio de la conversación, soltó algo que me dejó callado.

—"Mira, Mau, te voy a contar algo que todavía me arde… porque lo vi venir y no lo detuve."

Me habló de un caso reciente. Un cliente importante, dueño de varias razones sociales, con una operación fuerte, dispersa, legalmente enredada, pero hasta ese momento, estable. Una de las empresas del grupo —una comercializadora que operaba con múltiples proveedores, entre ellos, partes relacionadas— empezó a mostrar ciertos movimientos extraños. Facturación entre empresas del mismo grupo, una nueva compañía intermediaria sin estructura operativa, sin personal, sin domicilio verificado.

Y entonces me dijo: —"Lo peor es que sí teníamos una IA trabajando con nosotros. Uno de mis socios insistió en correr los datos por un modelo predictivo entrenado con criterios de riesgo fiscal. Lo hicimos. Y nos   lanzó   la   alerta."
Pausa.   Silencio.
—"Nos dijo: cuidado con esta empresa. No tiene sustancia. No tiene justificación. Si el SAT la ve, va a empezar por ahí."

Le pregunté qué hicieron con esa información. Me miró con cara de quien ya ha ensayado la respuesta muchas veces.

—"No hicimos nada. Mi error fue que decidí seguir mi olfato. Dije: eso no va a pasar. Nunca ha pasado. Lo hemos hecho antes. Está bajo control."

La IA le había marcado en rojo lo que terminó siendo la grieta por donde todo se vino abajo. El cliente fue auditado. Le congelaron cuentas. Lo acusaron de operaciones simuladas. No por mala fe, sino por falta de prevención. Por no haber hecho el ajuste cuando aún se podía.

—"Cuando lo vi en pantalla pensé: tenemos tiempo. Pero cuando llegó el oficio del SAT… ya era historia."

DESBLOQUEO

**Confiar en tu intuición por encima de los datos no es valentía.
Es soberbia con consecuencias fiscales.**

La experiencia puede ser un activo o una trampa.
Porque a mayor trayectoria, mayor es la tentación de creer que "ya viste todo".
Y ese es el momento exacto en que dejas de ver lo que sí importa.

La IA no te grita.
Te advierte.
Y lo hace en silencio, con datos, con patrones, con riesgo proyectado... no con emociones.
El problema no es que no supieras.
Es que **preferiste sentirte seguro que estar equivocado a tiempo.**

El costo de ignorar una predicción no se mide en pesos.
Se mide en lo que pudiste haber evitado.
Y en este caso, **el error no fue confiar en la tecnología...
fue ignorarla cuando más la necesitabas.**

Hoy ya no se trata de si tienes experiencia.
Se trata de si tienes el carácter de aceptar que **la mejor decisión a veces no es la que nace de ti,**
sino la que la evidencia te suplica que tomes.

JUGADA

Construye un GPT que no solo detecte riesgo... sino que te obligue a justificar por qué lo estás ignorando.

Entrénalo con casos reales donde hubo fallas por partes relacionadas, operaciones simuladas, triangulación y defraudación fiscal. Aliméntalo con:

- Criterios del SAT
- Jurisprudencia sobre sustancia económica
- Patrón de auditorías
- Casos de éxito y fracaso en fiscalización

Y luego, haz esto:
Cuando tu GPT te marque una alerta, actívalo con este prompt:

"Explícame como si fueras el SAT por qué este patrón de facturación entre partes relacionadas puede ser interpretado como simulación. Luego, exígeme que fundamente por qué debería ignorarlo... y hazme preguntas que cuestionen mi decisión desde una lógica de riesgo."

Este GPT no solo analiza.
Te confronta. Te incomoda. Te obliga a explicar por qué vas a hacer lo contrario a lo que los datos te están gritando.

Y si no puedes responder con lógica fiscal...
entonces no deberías responder con intuición.

Ese es el nuevo estándar: **ser experto ya no significa tener respuestas,**
significa tener el coraje de no confiar ciegamente en tu primer instinto.

> **"La IA no predice el futuro. Te muestra el presente que estás ignorando."**
> — Mau Bojórquez

ENSEÑA A TU IA A VER LO QUE TÚ NO VES

Hoy vas a dar un paso clave: construir un GPT que actúe como **analista predictivo** dentro de tu práctica legal o empresarial. No para adivinar el futuro, sino para ayudarte a **leer el presente con claridad quirúrgica**. Porque los errores no ocurren por sorpresa, ocurren porque nadie se detuvo a ver los datos.

¿Qué es un análisis predictivo legal?

Es el uso de datos históricos, criterios legales y patrones de comportamiento para anticipar riesgos antes de que estallen. Un GPT puede ayudarte a cruzar variables, reconocer señales y sugerir medidas correctivas antes de que todo dependa de una urgencia o de un juez.

PASO 1 – NOMBRA TU GPT

(Ejemplo: RiskRadar, El Ojo, AntiChorizo, Sentinel)

PASO 2 – DESCRIBE SU ROL

(Ejemplo: "Soy un asesor especializado en análisis predictivo. Detecto riesgos jurídicos, contractuales y fiscales antes de que se conviertan en crisis. Analizo datos de forma objetiva y recomiendo acciones preventivas.")

PASO 3 – DEFINE EL OBJETIVO DEL GPT

(Ejemplo: "Analizar operaciones con partes relacionadas y señalar patrones que puedan implicar riesgos de fiscalización, incumplimiento normativo o afectación reputacional.")

PASO 4 – CARGA INFORMACIÓN REAL O SIMULADA PARA EMPEZAR

Puedes alimentar al GPT con:

- Casos resueltos (tuyos o públicos)
- Resoluciones anteriores

- Modelos de contratos con errores comunes
- Matrices de riesgo que ya uses en Excel

TAREA
Responde aquí mismo:

1. **Nombre de tu GPT de análisis predictivo:**
2. **Descripción del perfil y estilo con el que responde:**
3. **Objetivo práctico dentro de tu despacho o empresa:**
4. **Tipo de datos que vas a empezar a cargarle:**

Luego, ingresa a la plataforma de ChatGPT Plus, crea tu nuevo GPT, copia esta información, y empieza a entrenarlo.
Este será tu aliado silencioso. El que no duerme. El que te avisa antes de que sea tarde.

Más adelante te enseñaré cómo conectarlo a herramientas externas. Por ahora, empieza con lo que ya tienes. Lo demás... viene después.

INVESTIGACIÓN JURÍDICA

"No es la falta de respuestas lo que retrasa al abogado. Es la arrogancia de creer que ya las tiene."
— Margaret Heffernan, investigadora y autora de *Uncharted: How to Navigate the Future*

CUANDO LA IA ENCONTRÓ LO QUE LOS ABOGADOS PASARON POR ALTO

Esta historia no me pasó a mí, pero me la contaron como se cuentan los secretos que cambian el juego.

Fue en una reunión cerrada, de esas entre colegas que no solo comparten casos, sino frustraciones, traumas y triunfos que nadie entendería más que otro abogado. Uno de los presentes —un director jurídico de una firma de energía— relató cómo, en medio de un litigio comercial millonario, un detalle olvidado salvó el caso. Y quien lo encontró no fue él, ni su equipo, ni un perito... fue una IA.

El caso tenía años cocinándose. Una empresa extranjera reclamaba el incumplimiento de cláusulas de exclusividad dentro de un contrato de suministro eléctrico. El contrato había sido firmado hacía más de seis años, con múltiples adendas, modificaciones, y miles de correos intercambiados entre las partes. La contraparte alegaba que, en una de las prórrogas, se eliminó tácitamente la exclusividad, y, por tanto, podían operar con otros proveedores.

El problema era que los documentos físicos estaban incompletos. La redacción era ambigua. Y en la revisión manual, **nada parecía inclinar la balanza a favor** del cliente de mi colega.

Fue entonces cuando uno de los analistas del equipo —recién egresado, poco escuchado, pero muy inquieto— propuso algo: usar su GPT, que llevaba entrenando con decenas de contratos y bases legales del sector energético, para revisar las versiones antiguas del contrato **y compararlas con las nuevas palabra por palabra**. No era algo que hacían normalmente. Pero esa vez... lo dejaron probar.

El GPT no solo comparó los textos. Fue más allá. Detectó un cambio de redacción que pasó desapercibido para todos. Una cláusula en apariencia idéntica, pero con una pequeña modificación en la numeración interna, implicaba que **la supuesta eliminación de exclusividad jamás fue legalmente efectiva**, porque la referencia usada en la adenda apuntaba a un párrafo que ya no existía por la renumeración previa. En términos jurídicos: **la renuncia no tenía validez formal.**

Ese hallazgo cambió la estrategia. El equipo dejó de defenderse y pasó al contraataque. Mostraron la cadena de versiones, probaron la inconsistencia estructural del contrato y exigieron el cumplimiento del acuerdo original. El tribunal reconoció que la cláusula clave nunca fue sustituida correctamente. Y el cliente… ganó.

Me contaron la historia con una mezcla de orgullo y vergüenza. Orgullo, por haber ganado. Vergüenza, porque **lo que no vieron los socios lo vio un GPT que trabajaba en silencio, entrenado por un abogado junior al que nadie pelaba.**

DESBLOQUEO

No ganaron por saber más. Ganaron porque la máquina vio lo que el ego ya había decidido ignorar.

El mayor riesgo en el mundo legal no es la ignorancia.
Es la **ceguera por autoridad.**
Esa que asume que, si los socios ya revisaron, entonces está revisado.
Esa que cree que más experiencia equivale a menos margen de error.
Pero la IA no pide permiso. No se impresiona por currículums.
No se duerme después de diez versiones del mismo contrato.

Y esa es su fuerza:
trabaja con la misma atención en la línea uno que en la número mil.
Sin emoción. Sin cansancio. Sin sesgo.
La IA no sustituye al abogado. Pero lo pone incómodo.
Porque mientras tú asumes, ella compara.
Mientras tú supones, ella verifica.

Y si le das las herramientas correctas, no va a proteger tu reputación.
Va a proteger la verdad que tú ya no quieres revisar.

Ese es el nuevo estándar.
No gana quien más experiencia tiene.
Gana quien entrena mejor a quien no se le escapa nada.

JUGADA

Construye un GPT revisor de versiones contractuales. Haz que vea lo que tu equipo ya dio por hecho.

Entrénalo con contratos reales y simulados. Entrégale versiones anteriores, adendas, cláusulas modificadas y todo lo que normalmente se pierde entre PDFs mal escaneados, correos cruzados y documentos que nadie vuelve a leer desde cero.

Luego, activa este prompt de guerra:

"Compara estas dos versiones de contrato. Identifica cualquier cambio en redacción, numeración o estructura que pueda afectar el alcance jurídico del documento. No me resumas. Dime qué implicaciones legales puede tener cada modificación, aunque parezca mínima."

Este GPT **no sustituye a tus abogados senior.**
Pero sí los obliga a ver lo que ya no tienen energía para revisar con lupa.

Porque una palabra mal numerada, un inciso movido,
puede ser la diferencia entre defenderte o aplastar a tu contraparte con su propio descuido.

Y eso... no te lo va a señalar tu instinto.
Te lo va a gritar tu IA... si tú la sabes entrenar.

CUANDO CONFUNDIR BÚSQUEDA CON INVESTIGACIÓN NOS COSTÓ EL CASO

Esta historia me la contó un cliente en una sesión privada. Ya no era yo el pasante que toma nota. Para entonces, me buscaban como asesor, como guía. Habían oído hablar de mi trabajo integrando inteligencia artificial en procesos legales y querían saber cómo evitar errores que, según sus palabras, "ya les habían salido carísimos".

Él no era abogado. Era empresario. Pero sabía perfectamente cuándo un error legal lo había dejado expuesto. Había perdido un caso laboral complejo, uno de esos que pueden parecer menores, pero que si no se atienden con precisión, **terminan por abrir la puerta a demandas en cadena**. Y eso fue exactamente lo que pasó.

—"Mau," me dijo, "ese día aprendí que investigar no es buscar en Google... y que el abogado que más rápido habla no siempre es el que mejor escucha a la evidencia."

El conflicto inició con un ex trabajador que exigía una liquidación multimillonaria alegando despido injustificado. El abogado de la empresa —un tipo de vieja escuela, con voz grave y confianza de sobra— aseguró que lo tenía todo controlado. Le bastaron veinte minutos de revisar el expediente para decir: "Esto está ganado. Hay jurisprudencia a nuestro favor."

Le preguntaron si quería revisar casos similares. Si quería analizar el historial del trabajador. Si quería cruzar antecedentes. Si quería, incluso, correr la situación por una IA legal que había sido entrenada por otro equipo de la empresa. Dijo que no. —"Eso es perder tiempo. Ya sé por dónde va esto."

La IA estaba lista. Tenía cargadas más de cien demandas similares, resoluciones del circuito, factores sensibles del perfil del juzgado y un modelo de predicción de respuesta judicial con base en criterios sociales.
Pero no la usaron.
No por falta de tiempo.
Por exceso de seguridad.

El juicio avanzó. El abogado repitió su estrategia favorita. Se enfocó en demostrar que el trabajador no tenía pruebas sólidas de su despido. Basó su defensa en la falta de documentación por parte del demandante. Y por un momento pareció que funcionaría.

Pero el juez —nuevo, joven, con otro enfoque— priorizó el historial de la empresa. Detectó que en los últimos dos años, esa misma área había tenido más de 20 rotaciones. El trabajador, aunque sin pruebas directas, presentó tres testimonios. Todos coherentes. Todos bien armados.

La resolución fue clara: el patrón incurrió en despido injustificado por omisión de medidas de formalidad procesal. La carga de la prueba, en este caso, **no se movió por lo que dijeron... sino por lo que no se investigó.**

Después del fallo, el cliente —ya golpeado, con la cuenta bajando y el teléfono sonando más de lo habitual— me dijo:

—"Mau, la IA había arrojado justo ese riesgo. Estaba ahí, pintado en rojo. El modelo decía: si no tienes actas, ni renuncias firmadas, y hay alta rotación, el juzgado puede interpretar despido indirecto. Pero el abogado ni quiso verlo. Dijo que eso no era cómo funcionaba el derecho."

Pausa.

—"Tal vez tenía razón. Pero ya no se trata de cómo funciona el derecho... se trata de cómo piensan los que lo aplican. Y ahí, Mau, la IA los está leyendo mejor que ellos mismos."

DESBLOQUEO

Investigar no es buscar.
Y el que no entiende la diferencia... está condenado a perder
casos que cree tener ganados.

El abogado clásico se jacta de su intuición.
Cree que recordar una tesis es igual a entender el contexto.
Pero la ley —sobre todo la laboral— **no se resuelve en la letra...**
se define en el enfoque del que la interpreta.

La IA no vino a darte respuestas que ya sabías.
Vino a mostrarte **las preguntas que ni siquiera te estabas haciendo.**
Y ese es su mayor poder: obligarte a mirar donde tu arrogancia ya puso
un candado.

Esta historia no es sobre un error jurídico.
Es sobre un sesgo fatal: **creer que porque algo funcionó antes,**
volverá a funcionar hoy.
Pero los jueces cambian. El enfoque cambia.
Y mientras tú sigues citando la misma jurisprudencia,
la IA ya analizó al juez, su historial, su contexto, y su tolerancia a
tu argumento.

La diferencia ya no está en lo que sabes.
Está en lo que estás dispuesto a volver a revisar.

JUGADA

**Entrena un GPT no para que te dé la razón...
sino para que te advierta cuándo tu estrategia ya está obsoleta.**

Cárgalo con:

- Jurisprudencia actualizada del circuito
- Resoluciones reales del juzgado donde litigas
- Demandas similares y sus fallos
- Perfiles de jueces (edad, enfoque, estilo)
- Argumentos que no funcionaron y por qué
- Factores externos: rotación laboral, contexto económico, historial interno

Y cuando estés por presentar una defensa o réplica, lánzale este prompt de verdad incómoda:

"Analiza esta estrategia legal con base en resoluciones recientes de este juzgado. Señálame qué factores podrían hacer que esta defensa no funcione hoy, aunque haya funcionado antes. No me protejas. Dímelo como si el fallo dependiera de ver lo que estoy pasando por alto."

Este GPT **no es tu ayudante.**
Es tu espejo.
Uno que no se deja engañar por tus años de experiencia,
ni por la estrategia que juraste que siempre funcionaba.

Porque en este juego, **el que no actualiza su forma de investigar, se convierte en el experto que pierde por soberbio... no por falta de preparación.**

"El abogado que más vale hoy no es el que más sabe, sino el que mejor sabe dónde buscar."
— Mau Bojórquez

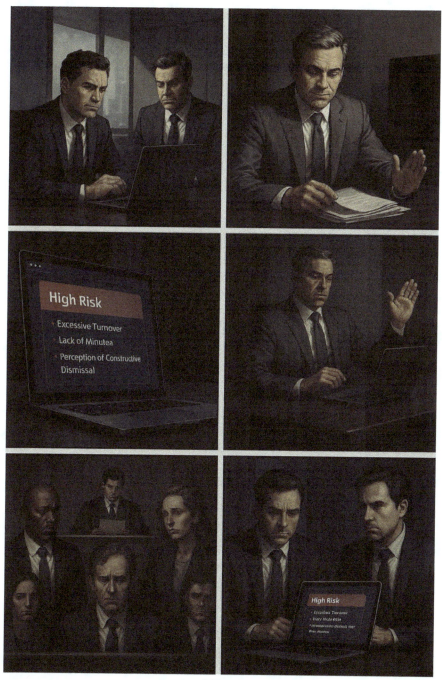

INVESTIGA COMO UN ABOGADO DEL FUTURO

Hoy vas a enseñarle a tu GPT a convertirse en tu **aliado de investigación legal**. No para reemplazar tu criterio, sino para amplificar tu capacidad de análisis. Esta actividad está diseñada para que dejes de depender de tu memoria —o de Google—, y empieces a trabajar como los verdaderos estrategas: con datos, contexto y visión panorámica.

¿Qué es una investigación jurídica con IA?

Es cuando usas un modelo de lenguaje como GPT para ayudarte a encontrar:

- Jurisprudencia relevante
- Precedentes útiles
- Vacíos legales
- Contradicciones normativas
- O simplemente, ideas nuevas para argumentar

PASO 1 – NOMBRA TU GPT INVESTIGADOR
(Ejemplo: JurisScan, Ojo Legal, El Buscador, Memo Ross)

PASO 2 – DESCRIBE SU PERSONALIDAD Y ALCANCE
(Ejemplo: "Soy un investigador jurídico especializado en análisis normativo, jurisprudencial y doctrinal. Mi función es encontrar información profunda, conectarla con el caso y proponer líneas argumentativas sólidas.")

PASO 3 – DEFINE SU OBJETIVO PRÁCTICO
(Ejemplo: "Ayudar al despacho a construir argumentos con base en precedentes relevantes, detectar contradicciones normativas y sugerir puntos de comparación entre distintas jurisdicciones.")

PASO 4 – CARGA O PEGAS CONTEXTO
Entrégale a tu GPT:

- Un planteamiento del caso
- Una cláusula dudosa
- Una pregunta jurídica compleja
  Y deja que él te responda con:
- Jurisprudencias relacionadas
- Argumentos comparados
- Rutas que no habías considerado

TAREA

Responde aquí mismo:

1. **Nombre de tu GPT investigador:**
2. **Cómo debe hablar y estructurar sus hallazgos:**
3. **Qué tipo de temas te interesa que te ayude a investigar:**
4. **¿Qué caso o pregunta le vas a plantear para iniciar?**

Recuerda: no necesitas saberlo todo. Solo saber cómo encontrarlo mejor y más rápido.
Y tu GPT puede ser el mejor investigador del despacho... si tú le enseñas cómo.

ESTRATEGIA FISCAL

"No hay nada más caro que pagar de más... por ignorancia disfrazada de honestidad."
— Kerry Packer, magnate australiano al ser cuestionado por evitar impuestos

CUANDO LA IA ME MOSTRÓ TRES CAMINOS Y EVITÉ CAER EN EL CUARTO

Esta historia no me la contaron. La viví. Y no empezó con una multa. Empezó con una memoria. La mía.

Desde los diecisiete años trabajé en un despacho contable que no enseñaba contabilidad. Enseñaba **estrategia fiscal de verdad**. Ahí no te decían cuánto había que pagar. Te enseñaban a preguntarte por qué otros pagaban menos. Cómo la ley fiscal —mal leída— se convertía en un castigo, pero bien interpretada, **se volvía una ventaja competitiva brutal**.

Ahí aprendí que no todo lo que está permitido es visible. Y no todo lo que es ilegal es obvio.

Años después, como emprendedor, tuve que enfrentarme a una situación que cualquier lector de este libro conocerá bien: **la necesidad de regularizarme fiscalmente, sin perder dinero y sin perder la cabeza**. Me encontré en esa línea delicada donde pagar de más parecía lo más "seguro", pero no lo más justo. Había opciones. Había ángulos. Solo que nadie te los da si no sabes buscarlos.

Y eso fue lo que decidí hacer: **entrenar un GPT con mi propia mentalidad fiscal.**

No le pedí que "pensara como un fiscalista". Eso sería confiarle demasiado. En cambio, **lo entrené como si fuera mi aprendiz**. Le cargué criterios. Le di leyes, sí, pero también interpretaciones. Casos reales. Esquemas que usábamos en el despacho desde mis años de becario. Le mostré cómo se analizaban beneficios fiscales con visión táctica, no literal.

Un ejemplo claro: la clásica deducción de vehículos en México por $175,000 pesos. Muchos creen que ese es el límite "por coche". Pero si conoces bien la ley, sabes que puede interpretarse como límite por ejercicio fiscal, no necesariamente por unidad... dependiendo de cómo estructuras la operación. Y eso cambia TODO. Desde el monto a deducir hasta la forma de justificarlo en una revisión.

Eso hice: **le enseñé a mi IA a hacer esas distinciones. A leer como un abogado fiscalista callejero, no como un lector de código.**

Luego le pedí que analizara mi situación con esa mentalidad. Le di mis cifras, mis declaraciones, mis movimientos. No le dije qué hacer. Le pedí que me propusiera tres escenarios:

1. Uno **conservador**, para ver cuánto costaría "cumplir sin mover nada".
2. Uno **estratégico y legal**, aprovechando todos los beneficios reales, deducciones bien planteadas, amortizaciones posibles y cambios de régimen.
3. Uno **abiertamente ilegal**, no para aplicarlo, sino para entender **dónde estaba el abismo**, para no acercarme a él por error.

El resultado fue brutalmente claro. Tomé la ruta estratégica. Apliqué los estímulos, ajusté mi operación y pasé por un contador fiscalista que validó cada movimiento. **Me ahorré más de $50,000 pesos. No por suerte. Por visión.**

DESBLOQUEO

El sistema fiscal no está diseñado para que entiendas.
Está diseñado para que obedezcas sin preguntar.
Y por eso casi nadie gana.

La mayoría de las personas no planean sus impuestos. Solo intentan no equivocarse.
Pero el juego fiscal no lo gana el que cumple.
Lo gana el que **entiende cómo está escrito el sistema...**
y se atreve a leer entre líneas sin miedo, pero con inteligencia.

La IA no vino a ayudarte a evadir.
Vino a mostrarte **que dentro de la ley hay caminos que nadie enseña,**
pero que están disponibles para el que sepa entrenar su mente —y su modelo— para detectarlos.

La diferencia no está entre legal e ilegal.
La diferencia está entre el que cree que solo hay una manera de hacerlo,
y el que **entrena una IA para ver los ángulos que el SAT preferiría que no vieras.**

La ley no cambia.
Pero tu forma de entenderla puede convertir cada línea gris...
en una estrategia sólida, defendible y más rentable que cualquier receta de manual.

JUGADA

Construye un GPT con mentalidad fiscalista estratégica.
No para que te diga "cuánto pagar",
sino para que te muestre cómo pagar mejor sin salirte de la ley.

Entrénalo con:

- Ley del ISR y del IVA
- Reglas misceláneas actuales
- Casos reales donde aplicaste estímulos, deducciones o estructuras legales favorables
- Criterios del SAT, DOF y declaraciones modelo
- Tus propios razonamientos: cómo piensas, qué consideras una señal de riesgo, y qué nunca estarías dispuesto a hacer

Y luego ejecútalo con este prompt:

"Evalúa esta situación fiscal con tres escenarios:

1. Cumplimiento conservador sin mover nada.
2. Estrategia legal optimizada usando estímulos, deducciones y cambios de régimen.
3. Ruta ilegal o riesgosa que debo evitar.
   Justifica cada escenario y explícame el porqué detrás de cada opción, con lenguaje técnico y argumentación sólida."

Este GPT no está diseñado para que le preguntes: *"¿esto se puede?"*
Está diseñado para que te muestre **todo lo que sí se puede... y lo que no debes tocar.**

Porque en temas fiscales, **el poder no está en tener razón,**
sino en tener claridad para defender la ruta que elegiste.

Y la IA bien entrenada...
te ahorra errores, tiempo y dinero,
pero sobre todo... te despierta.

CUANDO NO VER EL VACÍO LEGAL SE CONVIRTIÓ EN UN HOYO REAL

Esta historia me la contó un abogado. En corto. Sin filtros. La trajo como quien confiesa algo que le pesa, pero que sabe que tiene que decirlo para no volver a tropezar igual.

Lo vi sentarse frente a mí con la seguridad de siempre, pero con una expresión distinta en la cara. Esa mezcla de orgullo tragado y respeto ganado que aparece solo cuando la vida te da un golpe que no viste venir… pero sabes que te lo ganaste.

—"Mau… me dieron la vuelta. Y me la gané por soberbio."

Fue directo. Nada de pretextos.

Me contó cómo llevaba un caso entre dos empresas relacionadas, una de ellas su cliente, envueltos en una disputa por un contrato de prestación de servicios. Todo parecía normal. El cliente no había incumplido. No había movimientos raros. Tenían control de pagos, entregables, incluso comunicación con la otra parte. Todo bien… **hasta que no lo estuvo.**

La contraparte reclamó un derecho que **no estaba expresamente escrito en el contrato**… pero tampoco estaba negado. Un vacío. Un espacio. **Un silencio legal.**

Y ese silencio fue el que usaron para construir el argumento. Un "beneficio implícito" que, en voz de un buen litigante, se volvió casi una obligación. El contrato no decía que se lo darían, pero tampoco decía que no. Y el juez, con base en jurisprudencia reciente, **interpretó el vacío a favor del demandante.**

Yo solo escuchaba. Pero por dentro, ya sabía lo que venía.

—"Tuve acceso a un GPT que podía haber revisado todo. Ya lo tenía listo. Me lo habían configurado justo para detectar ambigüedades, riesgos, términos abiertos… y no lo usé. Dije: no necesito una IA para revisar un contrato que escribí yo mismo."

Pausa.

—"No me ganó el otro abogado, Mau. Me ganó mi ego."

Ese GPT —de haberse usado— habría encendido las alertas:
Cláusulas sin límite. Condiciones poco claras. Posibles contradicciones internas.
Pero no se usó.

No   porque   no   existiera.
Sino porque aún hay quienes creen que la experiencia compite con la precisión.

Y en derecho, cuando se trata de vacíos legales, **lo que no viste puede pesar más que lo que sí sabías.**

Ese día, ese abogado me enseñó una gran lección:
La IA no es para el que no sabe. Es para el que ya sabe... pero quiere ver más.

DESBLOQUEO

El vacío legal no es un descuido del sistema.
Es una prueba de visión para quien redacta...
y una oportunidad letal para quien litiga.

Los contratos no se rompen por errores.
Se rompen por confianza mal puesta.
Por cláusulas no revisadas "porque siempre se hacen así".
Por asumir que lo que no se dice, no importa.

Pero lo que no está escrito también se interpreta.
Y lo que no se previó, alguien más lo va a explotar.
Porque en derecho, **el silencio no es neutral.**
Es un arma esperando que alguien más dispare primero.

La IA no está para corregir lo que hiciste mal.
Está para **cuestionar lo que diste por hecho.**
Para ver la ambigüedad antes de que sea usada contra ti.
Para detectar el hoyo legal mientras tú aún crees que todo está bajo control.

El ego no perdió este caso.
Perdió el hábito de revisar con humildad.
Y la lección fue clara:
la experiencia mal acompañada de orgullo...
es menos útil que una IA bien entrenada por alguien que aún no se cree invencible.

JUGADA

Crea un GPT que revise contratos buscando lo que NO está ahí.
No lo entrenes solo para validar. Entrénalo para dudar.

Cárgale contratos reales, ejemplos de disputas contractuales, cláusulas polémicas, ambigüedades frecuentes y vacíos que hayan derivado en litigios.
Enséñale a reconocer:

- Silencios con implicaciones legales
- Condiciones sin fecha límite
- Beneficios mal definidos
- Términos que pueden tener doble interpretación
- Referencias cruzadas que ya no existen

Y luego, lúcete con este prompt:

"Revisa este contrato buscando ambigüedades, vacíos y silencios jurídicamente explotables. No me digas si el contrato es correcto. Dime en qué partes podría alguien más construir un argumento en mi contra. Sé específico. Piensa como un abogado opositor, no como un revisor técnico."

Este GPT **no es tu editor.**
Es tu enemigo simulado.
Y si lo entrenas bien, te mostrará cada punto débil…
antes de que lo hagan en el tribunal.

Porque en el derecho moderno, **el mejor abogado no es el que redacta más rápido,**
es el que piensa como su contraparte antes de que ella lo haga.

"El vacío legal no es para el que se arriesga. Es para el que sabe leerlo antes que los demás."
— Mau Bojórquez

CREA TU GPT ESTRATEGA FISCAL

Hoy vas a crear una versión de tu GPT entrenado específicamente para ayudarte a detectar vacíos legales, analizar escenarios fiscales y proponer rutas estratégicas claras: desde lo conservador hasta lo estructuralmente agresivo... sin cruzar la línea.

Este GPT **no está hecho para saltarse la ley, sino para leerla con lupa.** Como tú lo harías si tuvieras diez horas al día para investigar cada estímulo, cada artículo, cada interpretación.

¿Cómo funciona un GPT de estrategia fiscal? Es un modelo que has entrenado con criterios reales, ejemplos, casos y formas de analizar como lo harías tú. No se trata de pedirle "la solución", sino de construir un asistente que piense con lógica fiscal, con olfato jurídico... y con visión de juego.

PASO 1 – NOMBRA TU GPT FISCALISTA
(Ejemplo: EstrategaMX, FiscalFocus, AntiMultas, Radar Legal)

PASO 2 – DESCRIBE SU FORMA DE ANALIZAR
(Ejemplo: "Soy un asesor legal entrenado para detectar vacíos fiscales, riesgos en contratos y posibles rutas de optimización fiscal legal. Analizo con precisión, explico con claridad y jamás recomiendo prácticas fuera del marco.")

PASO 3 – DEFINE SU OBJETIVO PRINCIPAL
(Ejemplo: "Evaluar escenarios fiscales bajo tres enfoques: cumplimiento conservador, estrategia estructural legal, y advertencias sobre lo que cruzaría el umbral de lo ilícito.")

PASO 4 – ENTRÉNALO CON TU VISIÓN
Pásale:

- Casos reales que hayas trabajado o estudiado

- Cláusulas problemáticas que hayas resuelto
- Interpretaciones que te han funcionado en auditorías
- Estímulos fiscales poco utilizados pero vigentes
- Criterios que enseñen cómo tú diferencias entre "arriesgado" y "torpe"

TAREA
Contesta aquí mismo:

1. **Nombre de tu GPT fiscalista:**
2. **Descripción de su personalidad y enfoque:**
3. **Qué tipo de decisiones quieres que te ayude a tomar:**
4. **Primer caso que le vas a plantear para practicar:**

Este GPT no es para cumplir. Es para **jugar bien dentro de las reglas**.

Y si lo entrenas como se debe, será como tener a tu mejor versión sentada junto a ti… con más tiempo y menos miedo.

PERSUASIÓN LEGAL

"El arte de vender consiste en descubrir lo que el cliente necesita antes de que él lo sepa."
— Peter Drucker

CUANDO ENSEÑAMOS A UNA IA A LEER LA MENTE DEL CLIENTE

Todo comenzó como suelen comenzar los cambios importantes: por frustración.

Llevábamos meses vendiendo bien, sí, pero cada venta era una montaña rusa. Un cliente te respondía al primer mensaje con entusiasmo, y otro con el mismo mensaje... te ignoraba por completo. Uno cerraba en dos días, otro en tres semanas. No había patrón. O eso creíamos.

Hasta que en una junta con mi equipo, alguien soltó lo que todos ya pensábamos pero nadie había dicho en voz alta:

—"¿No estaremos vendiendo igual para todos... aunque nadie compre igual?"

Silencio.

Fue ese tipo de silencio que precede a una decisión importante.

Yo ya venía dándole vueltas al concepto que había trabajado en otro de mis libros: **las cuatro personalidades del comprador**. Y ahí, con la pizarra enfrente y el equipo conectado en Zoom, lo dije:

—"Vamos a entrenar a una IA para detectar patrones de personalidad. Vamos a dejar de venderle al cliente... y empezar a hablarle a la persona."

Se escuchó ambicioso. Y lo era.

Agarramos un GPT y lo empezamos a alimentar con todo lo que teníamos:

- Conversaciones reales de ventas (sí, con permiso de clientes)
- Respuestas de WhatsApp, correos, audios, preguntas frecuentes
- Objeciones típicas por tipo de perfil

- Comportamientos de seguimiento exitoso según el tipo de cliente
- Y todo lo que sabíamos sobre los cuatro perfiles: el Directo, el Analítico, el Afable y el Expresivo

No lo tratamos como una herramienta. Lo tratamos como a un nuevo miembro del equipo. Le dimos "instrucciones de onboarding". Le enseñamos cómo pensábamos. Cómo cerrábamos. Cuándo retirarnos. Qué tono usar. Qué evitar con cada tipo de persona.

Y fue entonces cuando pasó algo mágico.

Un lunes por la mañana, uno de los del equipo subió una conversación a ChatGPT y le dijo: —"Analiza este chat y dime con qué personalidad estoy hablando y qué estrategia de cierre debo usar."

La respuesta fue quirúrgica:

"Estás ante una personalidad analítica. Tiende a evitar decisiones rápidas, busca justificaciones lógicas y desconfía de entusiasmo desmedido. Usa argumentos con datos, enfócate en ROI, y evita lenguaje emocional. No cierres con urgencia. Dale seguridad, no presión."

Eso cambió todo.

Empezamos a aplicar el sistema en cada etapa del proceso de ventas. Antes de escribir cualquier mensaje, el GPT analizaba el perfil. Nos decía si el cliente necesitaba una presentación estructurada o un voice note emocional. Si quería números o anécdotas. Si necesitaba tiempo o impacto. **Empezamos a vender como si ya conociéramos al cliente desde antes de hablarle.**

En dos meses, la tasa de cierre subió más del 35%. El equipo dejó de frustrarse.

Los seguimientos ya no eran a ciegas. Y lo más importante: **dejamos de ser vendedores... para convertirnos en guías.**

Hoy, ese GPT sigue activo. Lo hemos mejorado, afinado, vuelto más preciso.

Pero nunca se me olvida la primera vez que uno del equipo dijo:

—"Parece que leyó su mente."

Y yo respondí:

—"No la leyó. Solo la entendió más rápido que tú."

DESBLOQUEO

Vender igual para todos es como disparar con los ojos cerrados: puede que aciertes… pero solo si tienes suerte.

La mayoría de los abogados —y empresarios en general— venden como litigan:
con estructura, con fuerza, con argumentos lógicos.
Pero las decisiones de compra **no las toma la lógica.**
Las toma la personalidad que vive detrás del rostro del cliente.

Y ahí es donde la IA se vuelve más que una herramienta.
Se vuelve un **traductor emocional.**
Uno que puede analizar texto, tono, tiempos de respuesta y lenguaje implícito…
para decirte cómo piensa la persona frente a ti **antes de que cometas el error de hablarle como si fuera otra.**

Este no es el futuro de las ventas.
Es el presente de la persuasión real.
Porque quien entrena a su IA no para que venda más, sino para que **entienda mejor…**
ya no necesita cerrar negocios.
Los provoca.

JUGADA

Crea un GPT que no venda.
Crea uno que lea la mente… y luego diga justo lo que el cliente necesita escuchar para confiar.

Entrénalo con:

- Conversaciones de WhatsApp, correos o audios de ventas reales (con permiso)
- Tipos de objeciones que recibes y cómo respondes a cada una
- Las cuatro personalidades: Directo, Analítico, Afable y Expresivo
- Estilos de lenguaje emocional vs lógico
- Cierres exitosos… y también los fallidos (para que aprenda qué NO repetir)

Y luego úsalo con este prompt que te abre la cabeza:

"Analiza esta conversación con un prospecto y dime:

1. Qué personalidad tiene esta persona y cómo procesa decisiones
2. Qué tipo de mensaje, estructura y tono debo usar para conectar
3. Qué objeciones anticipar y qué tipo de cierre usar
   Evita generalidades. Quiero una respuesta tan precisa que parezca que llevas un año hablando con él."

Este GPT no cierra ventas.
Cierra la distancia emocional entre tú y tu cliente.

Porque en un mercado saturado de ruido,
el que mejor adapta su voz a quien escucha…
es el que vende sin que parezca que está vendiendo.

Y con IA bien entrenada,
esa voz puede sonar mil veces al día, sin perder la empatía.

PERSONALIDADES

Directo
Alable
Analtrico

Drectia
Alable
Analtico

Cilente analítico.
Usa datos, Evita
urgencia. Cierra con
logica.

GPT

Antes de hablarle, ya lo conocciamos

CUANDO LA COMPETENCIA SIGUIÓ VENDIENDO A OSCURAS... Y NOS DEJÓ EL CAMINO LIBRE

Esto no lo escuché. **Lo vi. Lo viví. Lo disfruté.**

Una de nuestras competencias más fuertes llevaba años dominando el mercado. Buenos productos, buen equipo, buena presencia. Eran sólidos. Pero tenían algo que a mí siempre me hizo ruido: **confundían experiencia   con   evolución.**
Y eso, en un entorno como el de hoy, es receta para el desastre.

Mientras nosotros estábamos entrenando una IA para detectar patrones de personalidad, adaptar mensajes, automatizar seguimientos emocionales y construir persuasión como si escribiéramos desde dentro de la cabeza del cliente... ellos seguían mandando mensajes genéricos.

Nos   enteramos   por   sus   propios   ex   clientes.
Mensajes   de   seguimiento   con   copy-paste.
Correos que empezaban con "Estimado cliente, nos gustaría saber si ya tomó   una   decisión".
Ofertas   sin   personalización.
Cierres   forzados.
Y lo peor: **llamadas frías como hielo.**

Nosotros, en cambio, teníamos un GPT que antes de cualquier contacto ya analizaba chats anteriores, correos previos, tipo de palabras usadas, velocidad de respuesta... y con eso nos decía exactamente cómo entrarle.

Recuerdo un caso en particular. Estábamos compitiendo por cerrar un trato con una empresa importante del sector legal. Un perfil difícil. Dueño analítico, cero emocional, con años trabajando con proveedores de confianza.

Nosotros sabíamos que la emoción no iba a servir. Que no podíamos llegarle con frases como "imagínate todo lo que vas a lograr". Sabíamos que   eso   **lo**   alejaba.
Entonces alimentamos al GPT con su página web, sus publicaciones, un correo que nos había respondido y su último mensaje.

La respuesta fue directa:

"Perfil analítico. Necesita ver estructura, claridad, referencias, retorno. No quiere que lo enamores. Quiere que le ahorres tiempo y riesgo. Presenta tres opciones. Justifica con datos. Cierra con pregunta técnica, no emocional."

Eso hicimos.
Le mandamos un correo con un análisis comparativo, riesgos de no implementación, casos similares y un plan trimestral.
Nada de emojis.
Nada de "espero que estés muy bien".
Solo sustancia.

¿La competencia?
Le mandó un PDF con una cotización y el clásico:

"Quedamos atentos para cualquier duda. Estamos para servirte."

Nos contestó en tres minutos.
—"Vamos con ustedes. Gracias por ahorrarme tiempo."

Y ahí lo entendí todo.

La IA no vino a reemplazar a nadie.
Vino a **hacer que los lentos, los genéricos y los confiados queden al descubierto.**

Hoy esa competencia ya no compite. Literalmente. Perdieron mercado. Se volvieron irrelevantes. Y no por mal producto. Sino por seguir creyendo que vender es hablar bien… y no entender mejor.

¿Quieres seguir vendiendo como hace 10 años… o entender cómo venderle a cada persona como si la conocieras de toda la vida?
En mis redes te muestro más ejemplos, estrategias y entrenamientos reales para dominar la persuasión con IA.

Sígueme en Instagram y TikTok como [@yosoymaubz](). Ahí te enseño cómo vender sin sonar a vendedor.

DESBLOQUEO

En esta era, no pierdes por tener un mal producto.
Pierdes por tener un mal enfoque... y pensar que aún funciona.

La persuasión ya no es un juego de palabras bonitas.
Es un juego de precisión psicológica, de estructura emocional y de secuencia estratégica.
Y la IA, bien entrenada, **no solo mejora lo que haces...**
expone a quien sigue vendiendo como si el cliente no hubiera cambiado.

Hoy no te compran porque seas bueno.
Te compran porque los entiendes mejor.
Y el que entrena su GPT con datos reales, patrones emocionales, estilo de compra y lenguaje de decisión...
vende con una puntería que hace que cualquier vendedor genérico **parezca un aficionado confundido.**

La competencia no perdió por ser floja.
Perdió por ser lenta.
Y en un mundo donde el cliente decide en segundos...
el que no entiende rápido, no factura.

JUGADA

Entrena tu GPT para detectar el perfil de tu cliente antes de que abras la boca.
Y que diseñe tu mensaje como si ya llevara años conociéndolo.

Aliméntalo con:

- Correos de prospectos (los que contestan y los que no)
- Mensajes de WhatsApp o DMs con señales de personalidad
- Análisis de perfiles web o LinkedIn
- Cierres exitosos y los que no cerraron (para contrastar patrones)
- Las características clave de las 4 personalidades (Directo, Analítico, Afable, Expresivo)

Y luego lánzale este prompt quirúrgico:

"Analiza esta conversación y dime:

1. Qué tipo de personalidad tiene este prospecto
2. Qué tono, estructura y tipo de mensaje debo usar para conectar
3. Qué NO debo hacer si quiero cerrar
4. Cómo adaptar mi propuesta a su estilo de decisión.
   Habla como si estuvieras entrenando a mi equipo de ventas para convertir este lead en cliente."

Este GPT no solo te da copy.
Te da contexto. Te da precisión. Te da ventaja.
Mientras tu competencia dispara al aire,
tú lanzas misiles dirigidos a la mente de cada cliente.

Y eso... no es suerte.
Es diseño.
Con IA.

"El que aún intenta convencer a todos con el mismo discurso, no entendió que en esta era... cada mente tiene su propia llave."
— Mau Bojórquez

CREA UN GPT QUE DETECTE Y ADAPTE TU VENTA AL TIPO DE PERSONA

Hoy vas a crear tu **GPT persuasivo personalizado**. Este no es un simple redactor de mensajes de venta. Es un **lector de personas**. Su objetivo será ayudarte a identificar la personalidad del cliente y adaptar el mensaje, seguimiento y cierre a su forma de procesar decisiones.

¿Qué son las 4 personalidades clave?
Ya las conoces, pero tu GPT aún no:

- **Directa**: va al grano, no quiere rodeos ni emoción.
- **Analítica**: necesita datos, lógica y tiempo para pensar.
- **Afable**: valora la relación, la calidez y la confianza.
- **Expresiva**: responde a entusiasmo, visuales e inspiración.

PASO 1 – NOMBRA TU GPT PERSUASIVO
(Ejemplo: Persuabot, VendeX, TheCloser, GPTSalesMX)

PASO 2 – DESCRIBE CÓMO PIENSA Y RESPONDE
(Ejemplo: "Soy un asistente de ventas entrenado para detectar el estilo de personalidad de un prospecto, adaptar mensajes a su perfil, y construir secuencias de venta basadas en empatía, precisión y oportunidad. Persuado sin presionar.")

PASO 3 – DEFINIR SU OBJETIVO
(Ejemplo: "Ayudar al equipo a convertir más prospectos en clientes ajustando el discurso según el tipo de persona con la que están hablando.")

PASO 4 – CARGAR CONTEXTO
Entrégale ejemplos de conversaciones reales tuyas. Señálale cuándo se logró el cierre, qué tipo de cliente era, y qué estrategia se usó. Así aprende. Así mejora.

TAREA

Contesta aquí mismo:

1. **Nombre de tu GPT de ventas personalizado:**
2. **Cómo debe analizar e interpretar a cada perfil:**
3. **Qué tipo de productos o servicios debe ayudarte a vender:**
4. **Primer mensaje o conversación que vas a subirle para practicar:**

Este GPT no es para decir "buenas tardes, quedo atento".
Es para decir exactamente lo que esa persona necesita leer para confiar, decidir y comprar.

PARTE DOS
MAPA ESTRATÉGICO DE LA INTELIGENCIA ARTIFICIAL EN EL DERECHO MEXICANO

"Lo que puedes automatizar, acelerar o escalar en cada rama del derecho… si sabes dónde ver."

DERECHO CIVIL

"La IA como tu primer filtro para reducir errores, ahorrar tiempo... y elevar el estándar de tu práctica."

¿CÓMO FUNCIONA HOY LA PRÁCTICA CIVIL?

El derecho civil, aunque parezca estático, es una bestia compleja.
Contratos. Demandas. Contestaciones. Escritos. Notificaciones.
Diligencias.
Todo estructurado bajo una lógica que premia **la precisión técnica, el manejo del lenguaje y la capacidad de anticipar al adversario.**

Pero también es una materia **sobrecargada de tareas repetitivas, redactadas una y otra vez con cambios mínimos.**

Lo más peligroso no es equivocarse.
Es repetir sin pensar.

PUNTOS CRÍTICOS DONDE LA IA PUEDE AYUDARTE

1. **Redacción de demandas y contestaciones** con estructura argumentativa automatizada
2. **Revisión de contratos y documentos** para detectar omisiones, ambigüedades o riesgos ocultos
3. **Síntesis de jurisprudencia** relevante a partir de sentencias o casos similares

4. **Construcción de teoría del caso** en demandas por responsabilidad civil
5. **Evaluación de pruebas documentales** desde el punto de vista de la narrativa legal
6. **Simulación de escenarios de defensa o ataque** (en caso de contestaciones estratégicas)
7. **Comunicación inicial con el cliente** usando un GPT con filtros y lenguaje legal sencillo
8. **Análisis de documentos de parte contraria**, buscando fisuras argumentativas

EL CONTRATO DE PRESTACIÓN MAL COCIDO

Imagina esto.

Te busca un cliente con una urgencia: firmó un contrato civil de prestación de servicios hace 9 meses. Hoy quiere terminarlo porque el proveedor no ha cumplido con los entregables.

Te entrega el contrato en PDF, algunas conversaciones de WhatsApp y una factura.

Tu trabajo:
decidir si puedes proceder con una terminación anticipada sin que te demanden por incumplimiento.

Ahora pausa.
Pregúntate:

- ¿Lees todo tú mismo desde cero?
- ¿Buscas cláusulas clave a mano?
- ¿Te arriesgas a interpretar el contrato al vuelo?
- ¿Confías en tu memoria para recordar si has visto un caso parecido?

O...

¿Le pasas el contrato a tu GPT entrenado en revisión civil, con enfoque en rescisión y penalidades?
¿Le pides que te diga qué cláusulas pueden favorecerte y cuáles podrían volverse en tu contra?
¿Le preguntas si falta alguna formalidad para una terminación anticipada sin daño?

Y luego le dices:

"Evalúa este caso desde la perspectiva del proveedor y dime con qué argumento podrían demandar a mi cliente."

Así te anticipas.
Así ahorras horas.
Y así subes el estándar de lo que entregas.

¿QUÉ DEBERÍA HACER TU GPT EN DERECHO CIVIL?

- Leer contratos palabra por palabra y marcar puntos críticos
- Detectar ambigüedades, cláusulas abiertas o mal numeradas
- Proponer redacción alternativa para proteger más a tu cliente
- Leer demandas y generar borradores de contestación con estructura legal
- Evaluar probabilidades de éxito según elementos procesales clave
- Ayudarte a crear listas de pruebas a ofrecer y su justificación legal
- Simular argumentos de la parte contraria para fortalecer tu estrategia

CONSEJO EXPONENCIAL PARA ESTA MATERIA

No pierdas tu tiempo redactando desde cero lo que se puede automatizar.

98

Gasta tu energía en pensar como tu contraparte... antes de que ellos piensen como tú.

DERECHO PENAL

La IA como tu aliada para construir narrativas, anticipar argumentos… y evitar que una omisión te cueste un caso.

¿CÓMO FUNCIONA HOY LA PRÁCTICA PENAL?

El derecho penal no perdona errores.

Un escrito mal redactado.
Una omisión de contexto.
Un testimonio mal interpretado.

Cada palabra cuenta.
Cada minuto también.

Y sin embargo, en la práctica penal se sigue improvisando: respuestas rápidas, escritos de último momento, estructuras que se repiten sin ajustar a la narrativa del caso.

En penal, más que en cualquier otra materia, la **narrativa lo es todo.**

Y ahí es donde la inteligencia artificial no solo apoya: puede marcar la diferencia.

PUNTOS CRÍTICOS DONDE LA IA PUEDE AYUDARTE

Redacción de defensas con estructura narrativa estratégica y tono adecuado

Análisis de carpetas de investigación a partir de patrones semánticos

Identificación de inconsistencias en declaraciones o pruebas ofrecidas por la fiscalía

Evaluación de jurisprudencia reciente para reforzar o destruir líneas de argumentación

Simulación de escenarios de culpabilidad/inocencia con distintas líneas narrativas

Propuesta de preguntas clave para contraexamen

Preparación de argumentos de audiencia intermedia o juicio oral

Evaluación de teorías del caso alternativas y sus riesgos procesales

EL TESTIMONIO QUE NO CUADRA

Te llega un nuevo asunto: tu cliente es acusado de lesiones calificadas tras una pelea en un bar.

El parte médico lo incrimina.
El testimonio del testigo clave es contundente.

Pero hay algo que no cuadra.

Le pasas la carpeta a tu GPT entrenado en análisis penal.
Le pides que revise los testimonios buscando contradicciones, tiempos, lugares.

Le das los videos del lugar.
Le dictas la cronología de hechos según tu cliente.

Y le haces esta simple pregunta:

"¿Cuál es el punto débil más evidente en la narrativa de la fiscalía?"

El GPT encuentra una contradicción entre la hora del testimonio y la hora registrada en la cámara del bar.

Te lo muestra con estructura, te propone cómo plantearlo en audiencia y te sugiere el tono para no sonar agresivo... pero sí quirúrgico.

Ese día, **la IA no ganó el caso.**
Pero salvó a tu cliente de perderlo por no ver lo evidente.

¿QUÉ DEBERÍA HACER TU GPT EN DERECHO PENAL?

Revisar carpetas de investigación y resaltar inconsistencias entre pruebas

Analizar testimonios en busca de contradicciones lógicas o temporales

Generar borradores de argumentos de defensa con base en evidencia aportada

Sugerir preguntas de contraexamen según perfil y testimonio

Evaluar escenarios procesales y riesgos asociados

Extraer y explicar jurisprudencia aplicable según hechos narrados

Simular narrativa de la fiscalía para anticiparte y destruir su lógica

CONSEJO EXPONENCIAL PARA ESTA MATERIA

En derecho penal, el que no anticipa... reacciona.
 Y el que reacciona tarde, pierde.

Tu GPT no está para reemplazarte.
Está para que pienses más rápido, con más contexto... y con menos margen de error.

DERECHO FAMILIAR

La IA como puente entre el conflicto emocional y la estrategia legal.

¿CÓMO FUNCIONA HOY LA PRÁCTICA FAMILIAR?

El derecho familiar no se gana con leyes.
Se gana con sensibilidad jurídica, enfoque emocional... y muchísima precisión procesal.

Aquí no estás frente a contratos ni cláusulas.
Estás frente a personas rotas. Padres en guerra. Hijos en medio.
Herencias que dividen.
Y aunque parezca lo contrario, esta es una de las áreas más **estratégicas** del derecho.

¿Por qué?
Porque cada caso tiene algo que no se ve en el expediente: el factor humano.
Y es ahí donde muchos abogados fallan.

O se enfocan solo en el procedimiento...
o se pierden en lo emocional sin saber cómo estructurarlo.

La IA puede ser tu ventaja invisible.

PUNTOS CRÍTICOS DONDE LA IA PUEDE AYUDARTE

Evaluación de la narrativa emocional para estructurar argumentos legales más empáticos

Redacción de demandas de custodia o divorcio con enfoque estratégico y emocional

Identificación de puntos débiles en los argumentos de la contraparte

Análisis de jurisprudencia reciente sobre custodia, patria potestad o alimentos

Diseño de propuestas de convenio con lenguaje claro y tono conciliador

Simulación de escenarios procesales según perfiles psicológicos de los involucrados

Preparación de interrogatorios para peritos o testigos

LA CARTA DE LAS NIÑAS

Tu cliente: un padre separado.
El conflicto: la madre quiere quitarle la custodia total.

Tienes antecedentes. Tienes pruebas. Pero no tienes lo más importante: la voz de las niñas.

Le pides a tu GPT que analice sentencias donde la opinión de menores haya influido en la resolución.
Encuentra 12.
Te resume en una tabla qué elementos fueron valorados por los jueces.

Luego, le pides que redacte un escrito donde solicitas un peritaje psicológico y la inclusión de cartas manuscritas de las niñas, con lenguaje técnico pero empático.

Le dices:

"Hazlo como si fuera un escrito redactado por alguien que entiende que esto no es solo una disputa legal, sino una batalla emocional con consecuencias humanas."

Y el resultado no solo te convence a ti.
Hace llorar a tu cliente.

No por lo que dice...
Sino por cómo lo dice.

¿QUÉ DEBERÍA HACER TU GPT EN DERECHO FAMILIAR?

Analizar resoluciones pasadas para identificar patrones favorables a tu estrategia

Redactar demandas con equilibrio entre el lenguaje técnico y el emocional

Simular la narrativa de la contraparte y proponer puntos de neutralización

Diseñar convenios ajustados a necesidades específicas (custodia, visitas, alimentos)

Evaluar perfiles psicológicos básicos con base en declaraciones y antecedentes

Sugerir pruebas clave que fortalezcan la voz de menores o la estabilidad emocional

Anticipar preguntas que puede hacer el juez o el perito

CONSEJO EXPONENCIAL PARA ESTA MATERIA

La diferencia entre ganar un caso y salvar una familia está en lo que haces entre los párrafos.

Tu GPT no está para sonar técnico.
Está para ayudarte a construir argumentos que el juez no solo lea...
sino que sienta.

DERECHO LABORAL

La IA como tu radar para detectar riesgos antes de que lleguen al tribunal.

¿CÓMO FUNCIONA HOY LA PRÁCTICA LABORAL?

En el derecho laboral, el conflicto es casi inevitable.

Despidos. Demandas. Quejas por acoso. Mal manejo de contratos.
Y muchas veces, todo eso se debe a un patrón que nadie vio a tiempo.

Este es uno de los campos más repletos de omisiones:
actas que nunca se levantaron, testigos que no se documentaron,
renuncias mal firmadas.

Y cuando llega la demanda, todo lo que no hiciste se convierte en evidencia…
pero **en tu contra**.

El problema no es el trabajador que reclama.
Es el abogado que reacciona tarde.

PUNTOS CRÍTICOS DONDE LA IA PUEDE AYUDARTE

Evaluación de contratos laborales en busca de errores o cláusulas mal redactadas

Análisis de patrones de rotación, comportamiento interno y factores de riesgo legal

Redacción de contestaciones de demanda con estructura sólida y lenguaje defensivo

Identificación de omisiones de procedimiento que puedan usarse como defensa

Simulación de líneas argumentativas de parte actora para anticipar estrategia

Generación de minutas, actas y avisos preventivos a partir de situaciones típicas

Síntesis de jurisprudencia laboral por tipo de industria o patrón de conflicto

LA RENUNCIA QUE NUNCA EXISTIÓ

Tu cliente es un empresario del sector restaurantero.
Lo acaban de demandar por despido injustificado.

Él jura que el trabajador renunció.
Pero no hay renuncia firmada. Solo un audio de WhatsApp.

Te entrega el contrato, el historial del trabajador y un resumen de los hechos.

Tú, como abogado, podrías empezar redactando desde cero…
O puedes cargar los documentos en tu GPT entrenado en materia laboral, con enfoque en riesgo procesal.

Le pides:

"Evalúa si existe alguna línea de defensa sólida con la información disponible.
Si no la hay, dime qué elementos me hacen vulnerable ante el juez."

El GPT revisa. Te dice que el contrato es incompleto.
Que no se levantó acta. Que no hay constancia de faltas.

Pero también te propone una estrategia de mediación anticipada para evitar una condena más grave.

Y entonces entiendes:
La IA no resolvió el problema.
Pero **te dio tiempo y claridad para evitar que explote.**

¿QUÉ DEBERÍA HACER TU GPT EN DERECHO LABORAL?

Revisar contratos y documentos laborales para detectar vulnerabilidades

Generar borradores de contestaciones con base en demandas similares previas

Evaluar escenarios de riesgo según datos internos del empleador

Proponer estrategias defensivas o conciliatorias según etapa del proceso

Crear actas, minutas o comunicaciones preventivas ante posibles conflictos

Detectar vacíos legales o procedimentales que puedan afectar el caso

Filtrar jurisprudencia aplicable y transformarla en argumentos útiles

CONSEJO EXPONENCIAL PARA ESTA MATERIA

En laboral, perder por reacción es más común que por falta de razón.

Deja de defender solo cuando ya es tarde.
Empieza a usar tu IA como radar interno.
Porque lo que no documentas hoy…
te lo cobrarán con intereses mañana.

DERECHO MERCANTIL

La IA como tu herramienta para reducir riesgos, blindar operaciones y escalar estrategias comerciales.

¿CÓMO FUNCIONA HOY LA PRÁCTICA MERCANTIL?

El derecho mercantil está lleno de movimiento.

Contratos que cambian cada mes.
Clientes que operan con rapidez.
Empresas que firman más rápido de lo que piensan.

Aquí el abogado tiene dos misiones:
proteger… y **no estorbar.**

No puedes frenar el negocio.
Pero tampoco puedes permitir que un mal contrato arruine lo que costó años construir.

Y ahí es donde muchos se desgastan:
redactando desde cero lo que podrían sistematizar,
revisando a mano lo que una IA puede señalar en segundos.

PUNTOS CRÍTICOS DONDE LA IA PUEDE AYUDARTE

Revisión de contratos mercantiles complejos con enfoque en cláusulas de riesgo

Redacción de acuerdos con lenguaje claro, adaptable y negociable

Simulación de escenarios de incumplimiento para prevenir litigios

Comparación entre versiones de contrato para detectar cambios sutiles

Evaluación de términos de pago, condiciones de entrega, penalidades y garantías

Análisis de estructura societaria para prevención de conflictos internos

Diseño de minutas, fusiones, compraventas y convenios con rapidez controlada

EL CONTRATO DE DISTRIBUCIÓN MAL PUESTO

Tu cliente: una empresa de cosméticos en expansión.
Acaba de firmar un contrato de distribución con un mayorista de otra ciudad.

Pero el contrato lo trajo el distribuidor.
Y al revisarlo, algo no te suena.

La cláusula de exclusividad es ambigua.
Las condiciones de devolución no están claras.
Y las penalidades… favorecen al otro.

Le pasas el contrato a tu GPT entrenado para derecho mercantil.
Le pides:

"Marca las cláusulas que podrían interpretarse en contra de mi cliente.
Evalúa si la redacción actual da pie a interpretación judicial ambigua.
Y propón tres formas de fortalecer el acuerdo sin perder la relación comercial."

En minutos, tienes el resumen, los riesgos… y las mejoras.
No perdiste al cliente.
Pero tampoco sacrificaste la seguridad jurídica.

¿QUÉ DEBERÍA HACER TU GPT EN DERECHO MERCANTIL?

Revisar contratos palabra por palabra y detectar cláusulas asimétricas

Sugerir redacciones alternativas más claras y menos riesgosas

Simular escenarios de incumplimiento y su impacto legal y comercial

Analizar condiciones financieras dentro del contrato (intereses, penalidades, plazos)

Comparar contratos previos para detectar si hubo cambios no autorizados

Redactar convenios marco, compraventas, fusiones y acuerdos de confidencialidad

Identificar cláusulas que puedan ser impugnadas por abuso o falta de equilibrio

CONSEJO EXPONENCIAL PARA ESTA MATERIA

No redactes con el cliente encima y el reloj corriendo.

Entrena a tu IA para revisar antes de firmar, negociar antes de ceder... y prevenir lo que tú ya no tienes tiempo de ver.

Porque en mercantil, lo que no ves tú, lo ve el juez... cuando ya es demasiado tarde.

DERECHO FISCAL

La IA como tu lupa para leer entre líneas… y ver oportunidades donde otros solo ven obligaciones.

¿CÓMO FUNCIONA HOY LA PRÁCTICA FISCAL?

El derecho fiscal en México no es para principiantes.
Cambia, se contradice, se interpreta, y muchas veces se impone con criterios más políticos que técnicos.

Aquí el abogado no solo debe saber la ley.
Debe entender al SAT, anticiparse a los movimientos del cliente…
y sobre todo, **pensar como estratega, no como contador.**

Y aún así, el 90% del tiempo se desperdicia en tareas como:
buscar estímulos, revisar reformas, comparar declaraciones, y redactar opiniones fiscales desde cero.

La IA no viene a sustituirte en lo fiscal.
Viene a darte algo que nadie tiene: **tiempo para pensar mejor.**

PUNTOS CRÍTICOS DONDE LA IA PUEDE AYUDARTE

Análisis de beneficios fiscales aplicables por sector, zona o actividad

Simulación de escenarios fiscales comparando distintas rutas (conservadora, estratégica y riesgosa)

Revisión de deducciones y su fundamento legal

Detección de inconsistencias en declaraciones, CFDIs o estructura contable

Identificación de criterios no vinculativos y su posible aplicación

Redacción de estrategias de defensa ante auditorías

Preparación de opiniones fiscales personalizadas en minutos

EL CLIENTE QUE ESTABA PAGANDO DE MÁS

Te busca un empresario que factura 2.5 millones mensuales.
Dice que su contador le recomendó el régimen general…
pero sospecha que está pagando más de lo que debería.

Te entrega estados de cuenta, declaraciones y CFDIs.

Podrías pasar una semana revisando todo.
O podrías alimentar esa información a tu GPT entrenado en estrategia fiscal.

Le pides:

"Evalúa esta situación con mentalidad fiscalista.
No quiero evasión, quiero eficiencia.

Dame tres escenarios: uno legal y conservador, uno estratégico con aprovechamiento de estímulos, y uno ilegal que me permita ver dónde está el límite."

El GPT analiza:
Encuentra que puede cambiar de régimen.
Que no ha aprovechado una deducción clave en su sector.
Y que hay un error en los pagos provisionales que nadie había notado.

Le ahorras 80 mil pesos al mes.
Sin tocar la ley.
Solo por **verla con otros ojos.**

¿QUÉ DEBERÍA HACER TU GPT EN DERECHO FISCAL?

Evaluar escenarios tributarios y comparar impacto financiero

Sugerir estructuras fiscales óptimas dentro del marco legal

Detectar deducciones no aprovechadas o beneficios ignorados

Identificar riesgos por omisiones, triangulaciones o simulaciones involuntarias

Redactar defensas ante actos de fiscalización o requerimientos del SAT

Sintetizar reformas fiscales con lenguaje simple para clientes

Anticipar el posible criterio de la autoridad en casos complejos

CONSEJO EXPONENCIAL PARA ESTA MATERIA

Si no entrenas a tu IA para pensar como un fiscalista…
te quedarás resolviendo lo que otros evitaron desde el principio.

El SAT no espera.
Y tus clientes tampoco.

Tu GPT debe ser tu radar, tu calculadora legal, y tu estratega callado.
Uno que no se le pasa ni una coma de la ley.

DERECHO ADMINISTRATIVO

La IA como tu escudo frente al Estado... y tu espada cuando toca contraatacar.

¿CÓMO FUNCIONA HOY LA PRÁCTICA ADMINISTRATIVA?

El derecho administrativo es, por definición, desbalanceado.
De un lado: el ciudadano, el particular, la empresa.
Del otro: el poder del Estado, con sus dependencias, criterios, oficios y silencios.

Aquí no basta con tener razón.
Necesitas **tiempo, argumentos y estructura procesal impecable.**

Y el mayor problema es el desgaste:
escritos que se repiten, notificaciones confusas, resoluciones arbitrarias.
Todo mientras el cliente se desespera...
y tú intentas hacer más con menos.

La IA, bien entrenada, **puede convertirse en tu arma silenciosa:**
una que analiza lo que otros ignoran y redacta lo que tú ya no alcanzas.

PUNTOS CRÍTICOS DONDE LA IA PUEDE AYUDARTE

Redacción de recursos administrativos y escritos de inconformidad

Síntesis de normas, reglamentos y criterios administrativos por dependencia

Detección de vicios de procedimiento en actos de autoridad

Comparación de resoluciones anteriores para argumentar violaciones a principios

Análisis de impacto regulatorio o carga administrativa

Preparación de solicitudes claras y bien fundamentadas

Revisión de jurisprudencia y tesis aisladas aplicables por autoridad emisora

EL SILENCIO QUE VALE MILLONES

Una empresa a la que asesora tu despacho solicitó una autorización específica ante una dependencia federal.
Pasaron 30 días. Luego 60. Luego 90.

No hay respuesta.
Pero tampoco hay negativa.

Tu cliente te pregunta:
"¿Esto es positivo por silencio administrativo o ya perdí la oportunidad?"

Le das entrada a tu GPT entrenado en derecho administrativo.
Le alimentas la línea de tiempo, la normatividad aplicable, los oficios enviados y recibidos.

Y le preguntas:

"Con base en estos documentos y los artículos X, Y y Z, ¿estamos ante un silencio positivo o negativo?
Redáctame una estrategia legal para asumir la autorización tácita, y un recurso de defensa por si intentan negarla extemporáneamente."

El GPT revisa, responde con precisión y te entrega un borrador en 8 minutos.

Tu cliente no solo entiende.
Te ve como un escudo.

¿QUÉ DEBERÍA HACER TU GPT EN DERECHO ADMINISTRATIVO?

Analizar resoluciones y detectar omisiones o vicios de procedimiento

Redactar recursos jerárquicos, revisiones y solicitudes claras y sólidas

Comparar normativas entre estados, dependencias y niveles de gobierno

Detectar fundamentos mal citados o actos sin competencia válida

Filtrar jurisprudencia administrativa específica por materia y autoridad

Preparar estrategias procesales ante sanciones, clausuras o licencias negadas

Simular respuestas de la autoridad y preparar contraargumentos preventivos

CONSEJO EXPONENCIAL PARA ESTA MATERIA

El Estado se equivoca más de lo que parece.
Pero solo el abogado que piensa con estructura y reacciona con velocidad puede demostrarlo.

Tu GPT debe conocer el procedimiento mejor que la propia autoridad.
Porque a veces, el silencio también tiene consecuencias jurídicas…
y tu IA debe ser la primera en recordártelo.

DERECHO CONSTITUCIONAL

La IA como tu faro cuando todos repiten que "no se puede"... pero tú sabes que sí.

¿CÓMO FUNCIONA HOY LA PRÁCTICA CONSTITUCIONAL?

El derecho constitucional no es solo para litigar amparos.
Es para poner límites cuando el sistema se excede.

Aquí el abogado no solo interpreta leyes:
protege derechos.
Y en México, eso significa enfrentarse a leyes mal redactadas, actos de autoridad abusivos, omisiones legislativas... y mucho desconocimiento procesal.

El problema es que muchos abogados ya no se dan el tiempo de estructurar un buen juicio de amparo.
Y quienes lo hacen, se pierden entre precedentes, artículos y jurisprudencia que cambia cada mes.

Tu GPT, si lo entrenas bien, puede volverse **el mejor constitucionalista que has tenido al lado.**

PUNTOS CRÍTICOS DONDE LA IA PUEDE AYUDARTE

Redacción de demandas de amparo con estructura constitucional sólida

Identificación de actos de autoridad que vulneran derechos fundamentales

Síntesis de jurisprudencia relevante por tipo de derecho violado

Comparación entre criterios de tribunales federales y colegiados

Evaluación de tiempos, competencias y posibles causas de improcedencia

Simulación de argumentos de la contraparte y su refutación

Construcción de argumentación basada en principios, no solo artículos

EL ACTO "NO TAN" ADMINISTRATIVO

Un cliente llega contigo molesto.
La alcaldía clausuró su negocio por supuesta falta de licencia ambiental.
Lo hicieron sin previo aviso, sin audiencia y con sellos que no tienen ni fundamento legal.

Quiere saber si puede proceder por la vía administrativa... o si esto amerita un amparo.

Le das entrada a tu GPT entrenado en control constitucional.
Le pasas el acta de clausura, la notificación y la normatividad local.

Y le haces una sola pregunta:

"¿Este acto de autoridad puede combatirse mediante amparo indirecto? Si sí, redáctame la estructura básica de la demanda: derechos violados, autoridad responsable, hechos, fundamentos, pruebas y petición."

En minutos tienes lo que a otros les toma días.
Y además, una tabla comparativa entre jurisprudencia de los últimos tres años para respaldar tu argumento.

Ya no dudas si es procedente.
Ahora decides **cómo hacerlo más contundente.**

¿QUÉ DEBERÍA HACER TU GPT EN DERECHO CONSTITUCIONAL?

Redactar demandas de amparo y recursos con lenguaje técnico y claro

Identificar derechos humanos vulnerados y su impacto procesal

Detectar causales de improcedencia antes de que el juez las use en tu contra

Comparar precedentes aplicables según época, sala y criterio

Simular escenarios de violación sistemática o transgresión indirecta

Proponer estrategias constitucionales con enfoque de protección, no solo de procedimiento

Relacionar hechos concretos con principios constitucionales olvidados

CONSEJO EXPONENCIAL PARA ESTA MATERIA

En constitucional, no basta con tener razón.
Tienes que construir una verdad que resista la rigidez procesal, la política institucional… y la indiferencia judicial.

Tu GPT debe ser tu guía estructural.
No redacta por ti.
Piensa contigo.
Y en esta materia, pensar mejor que la autoridad… es el primer paso para recuperar la justicia.

DERECHO CORPORATIVO

La IA como tu arquitecto silencioso: ordena, construye y protege desde los cimientos.

¿CÓMO FUNCIONA HOY LA PRÁCTICA CORPORATIVA?

El derecho corporativo bien hecho no se nota... hasta que falta.

Es un trabajo que ocurre en las sombras:
estatutos bien armados, actas claras, cláusulas estratégicas, contratos que previenen guerras internas antes de que empiecen.

Pero también es una práctica que consume tiempo.
Mucho.

Revisar estructuras, actualizar libros corporativos, preparar asambleas, redactar contratos espejo.
Todo técnico. Todo estructural. Todo repetible.

¿Y si eso se pudiera automatizar?
¿Y si tu GPT ya supiera cómo lo haces tú y lo hiciera en segundos... sin errores?

PUNTOS CRÍTICOS DONDE LA IA PUEDE AYUDARTE

Diseño de estatutos sociales según tipo de sociedad y necesidad específica

Redacción de actas de asamblea ordinaria o extraordinaria

Generación de contratos internos: socios, accionistas, confidencialidad, no competencia

Análisis de estructuras societarias para identificar conflictos potenciales

Comparación entre versiones de actas o estatutos para detectar cambios clave

Revisión de paquetes legales para cumplimiento con autoridades (SAT, RPPC, notario)

Automatización de respuestas frecuentes a clientes sobre requisitos y procesos societarios

LA CLÁUSULA FANTASMA

Tu cliente es un socio mayoritario en una S.A.P.I.
Está por cerrar una ronda de inversión.

Pero un inversionista externo pide revisar los estatutos.
Y encuentra una cláusula ambigua sobre aumento de capital… que podría darle derecho de veto.

Pánico.

Le das los estatutos a tu GPT corporativo.
Le pides:

"Revisa este documento completo.
Busca cláusulas contradictorias, mal redactadas o con lenguaje abierto que pueda usarse en contra del socio mayoritario.
Propón redacción alternativa y explica los posibles escenarios de riesgo."

El GPT responde.

Te señala que hay contradicción entre los artículos 13 y 27.
Que no se definió el mecanismo de suscripción preferente.
Y que la cláusula de arrastre fue mal estructurada.

Te da tres versiones de corrección.
Y te ahorra una crisis legal que pudo costar millones.

¿QUÉ DEBERÍA HACER TU GPT EN DERECHO CORPORATIVO?

Redactar actas, estatutos y contratos con formato y legalidad correctas

Detectar ambigüedades o inconsistencias entre documentos internos

Sugerir cláusulas clave según tipo de empresa y perfil de socios

Preparar minutas y acuerdos para firmas o protocolización

Simular escenarios de conflicto societario y proponer soluciones preventivas

Generar checklist de cumplimiento para auditorías legales

Evaluar estructuras corporativas con lógica de escalabilidad o blindaje jurídico

CONSEJO EXPONENCIAL PARA ESTA MATERIA

El 80% de los pleitos societarios empiezan por lo que alguien "dio por entendido".

Tu GPT debe revisar donde nadie revisa, corregir lo que tú ya normalizaste,
y blindar lo que tu cliente ni siquiera sabe que está en riesgo.

Porque si algo es invisible en derecho corporativo…
más vale que lo hayas previsto antes de que se vuelva un pleito.

EL VERDADERO JUEGO EMPIEZA AQUÍ

Si llegaste hasta aquí, ya lo sabes:
No estás leyendo un libro. Estás actualizándote.
Estás eligiendo pensar diferente.
Y eso te pone —desde hoy— en otro nivel.

La inteligencia artificial no vino a hacerte menos valioso.
Vino a recordarte que el que no evoluciona… se vuelve reemplazable.

Tú elegiste lo contrario.
Elegiste integrar, construir, desafiar y adaptar.

Elegiste no esperar a que las reglas cambien.
Elegiste **aprender a escribirlas.**

Pero esto no se queda en teoría.
Ahora te toca aplicarlo.

Y si sientes que el siguiente paso requiere acompañamiento estratégico,
si quieres construir un GPT legal a tu medida,
o simplemente deseas que alguien revise contigo la ruta…

Estoy disponible.

Puedes cotizar una asesoría personalizada escribiéndome directamente por WhatsApp:
📱 **+52 446 184 3661**

No tengo respuestas mágicas.
Pero sí un sistema probado, un enfoque real...
y el compromiso de que nunca más trabajes como antes.

Nos vemos donde pocos están dispuestos a llegar:
del otro lado de la evolución.

— Mau Bojórquez

CÓMO CREAR UN GPT EN CHATGPT

VE A EXPLORAR GPTS Y LUEGO A CREAR EN LA ESQUINA

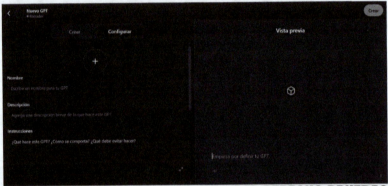

DEL LADO IZQUIERO CONFIGURAS Y DEL DERECHO PRUEBAS

www.ingramcontent.com/pod-product-compliance
Lightning Source LLC
LaVergne TN
LVHW012331060326
832902LV00011B/1837